RÉSOLUTIONS

ADOPTÉES PAR LE PERSONNEL ENSEIGNANT

DES ÉCOLES NORMALES PRIMAIRES

SUR

LES QUESTIONS SOUMISES AU CONGRÈS PÉDAGOGIQUE

(1882-1883.)

MINISTÈRE
DE L'INSTRUCTION PUBLIQUE ET DES BEAUX-ARTS.

RÉSOLUTIONS

ADOPTÉES PAR LE PERSONNEL ENSEIGNANT

DES ÉCOLES NORMALES PRIMAIRES

SUR

LES QUESTIONS SOUMISES AU CONGRÈS PÉDAGOGIQUE.

(1882-1883.)

TOME II.

ÉCOLES NORMALES D'INSTITUTRICES.

PARIS.
IMPRIMERIE NATIONALE.

M DCCC LXXXII.

INDEX.

ACADÉMIE DE DOUAI.

ACADÉMIE DE GRENOBLE.

ACADÉMIE DE LYON.

ACADÉMIE DE MONTPELLIER.

ACADÉMIE DE NANCY.

ACADÉMIE DE POITIERS.

ACADÉMIE D'ALGER.

ACADÉMIE DE PARIS.

DÉPARTEMENT DE LA SEINE.

ÉCOLE NORMALE D'INSTITUTRICES DE PARIS.

I.

Enseignement et surveillance. — 1° La surveillance et l'enseignement seront confiés à des *fonctionnaires distincts.*

2° Le personnel surveillant sera proportionnel aux divisions établies par année; il comprendra donc *trois maîtresses surveillantes* munies du brevet supérieur et choisies plus particulièrement parmi les anciennes élèves de l'école.

3° Le personnel enseignant se composera, conformément au décret, outre la directrice de l'école annexe et les professeurs spéciaux, de deux professeurs de l'ordre des lettres, de deux professeurs de l'ordre des sciences.

4° *L'internat* est de *rigueur* pour les *maîtresses surveillantes*, il est *facultatif* pour les *professeurs.*

5° Dans le cas où les maîtresses-professeurs choisiraient l'internat, elles seront tenues, en dehors des exercices prévus à l'article 14 du décret du 29 juillet, titre Ier, de donner à l'école un certain temps déterminé par la direction, soit par jour, soit par semaine.

Création de l'économat. — Il ne sera pas demandé de cautionnement aux économes des écoles normales.

II.

1° L'enseignement des écoles normales sera réparti en *quatre* années.

2° Dès la première année, il sera fait une part à l'enseignement de la géométrie.

3° Toute aspirante à l'école normale devra justifier, au moment de son incription, qu'elle aura, au 1er octobre de la même année, quinze ans au moins, dix-huit ans au plus.

4° Il convient de remettre à l'étude le programme de la musique instrumentale, qui semble actuellement impraticable.

III.

Enseignement pratique aux annexes. — 1° Ou les élèves-maîtresses seront autorisées à prolonger leur séjour dans l'établissement pour s'exercer tout particulièrement à la pratique des écoles annexes ;

2° Ou la fin de la deuxième année sera employée à l'enseignement pratique, coïncidant avec l'enseignement théorique du cours de pédagogie tel qu'il figure au programme des écoles normales.

3° Dans l'un et l'autre cas, les exercices pratiques seront consacrés par l'examen du certificat d'aptitude à la direction des écoles maternelles.

Extension de l'école annexe. — 1° Conformément à l'article 6 du décret du 29 juillet 1881, titre Ier, il y aura auprès de chaque école normale d'institutrices une *école maternelle.*

2° Toute école maternelle annexée à une école normale comprendra, outre les deux cours réglementaires, un *cours supérieur* correspondant aux classes enfantines, et dans lequel les enfants commenceront l'enseignement de l'école primaire à l'aide des procédés de l'école maternelle. Cette classe ou cours supérieur, qui conservera les enfants jusqu'à sept ans, sera la transition entre l'école maternelle et l'école primaire.

3° L'école maternelle annexée à une école normale ne recevra que des *petites filles*, tant pour donner à l'école primaire un plus grand nombre de recrues que pour éviter au cours supérieur les inconvénients du mode mixte signalés par les familles elles-mêmes.

4° A toute école normale sera annexée une *école primaire supérieure* où les élèves-maîtresses s'exerceront à la pratique de l'enseignement primaire supérieur au même titre qu'à l'école primaire ou à l'école maternelle.

IV.

Des conférences, ayant pour but de familiariser les maîtresses en activité dans le département avec les meilleures méthodes d'enseignement, seront organisées dans les écoles normales un jeudi par mois. Elles pourront être données sous forme de leçons modèles par la directrice, les maîtresses-adjointes, les professeurs externes ou même par les instituteurs ou les institutrices qui en feront la demande pour exposer des procédés nouveaux qu'ils voudraient expérimenter.

V.

1° L'externat pourra être accordé à toute élève qui en fera la demande.

2° Les élèves-maîtresses conserveront, à la sortie de l'école, les ouvrages dont elles auront fait usage dans les classes pendant le cours de leurs études.

3° Un examen médical, sérieux au moment de l'admission des élèves-maîtresses, écartera tous les sujets impropres à la carrière de l'enseignement.

La Directrice de l'École,

FERRAUD.

DÉPARTEMENT D'EURE-ET-LOIR.

ÉCOLE NORMALE D'INSTITUTRICES DE CHARTRES.

I.

1° Les maîtresses adjointes titulaires ayant plus de cinq ans d'exercice lors de la promulgation de la loi auront le titre de professeurs et jouiront des avantages attachés à ce titre.

2° Donner aux professeurs de sciences les cours d'orthographe proprement dite et de grammaire qui, sortant de la spécialité, peuvent être faits par tous.

3° Suppression du renvoi temporaire des élèves dans les écoles normales.

4° L'économe ne doit être chargée que de l'économat, qui comprend aussi la surveillance de la partie matérielle de l'établissement.

5° La mesure mise en vigueur dans les écoles normales d'instituteurs et qui consiste à donner un surveillant sera appliquée dans le plus bref délai aux écoles normales d'institutrices. La maîtresse surveillante pourra être munie du certificat de coupe et d'assemblage, donner les leçons de couture et recevoir pour cela une indemnité de 200 francs, qui porterait son traitement de 800 à 1,000 francs, taux qui paraît nécessaire pour assurer le bon recrutement de ces fonctionnaires.

II.

1° Des notions littéraires seront données en première année et un cours sérieux commencera en deuxième pour être continué en trosième année.

Des notions de littérature étrangère figureront dans le programme.

2° Un ouvrage de morale et un ouvrage d'économie domestique seront mis à la disposition des écoles normales.

3° Le temps consacré à l'enseignement du français sera augmenté d'une heure en troisième et en deuxième année, et de deux en première.

III.

1° La directrice de l'école annexe aura un logement convenable pour elle et pour sa famille, soit dans l'intérieur de l'école, soit en dehors. Quant au traitement, il ne sera pas inférieur à celui des directrices d'écoles primaires supérieures. Même vœu pour les directrices d'écoles maternelles.

2° Une école primaire supérieure professionnelle sera ajoutée aux annexes de l'école normale.

IV.

Services que peut rendre l'école normale au personnel enseignant en activité dans le département :

1° Dans les écoles normales seront organisées, sous la présidence de la directrice, des conférences annuelles pour le personnel enseignant du département.

2° La directrice de l'école normale sera déléguée inspectrice en attendant la création des fonctions d'inspectrices départementales.

V.

1° La différence de 1,000 francs, qui existe entre le traitement des directeurs et celui des directrices, n'est pas justifiée, la responsabilité et les occupations étant absolument les mêmes pour chacun d'eux.

D'où le conseil émet le vœu suivant : Le traitement des directrices doit être, soit égal à celui des directeurs, soit augmenté de 500 francs au moins pour chaque classe.

2° La facilité d'obtenir le brevet simple à seize ans nuit au recrutement des écoles normales; d'où il y a lieu d'émettre le vœu que l'âge exigé pour subir cet examen soit porté de seize à dix-sept ans.

3° L'appréciation des épreuves du brevet n'est pas établie sur une échelle assez étendue, d'où le conseil formule le vœu que l'ancienne annotation soit remise en vigueur, ou qu'un assez bien soit l'intermédiaire entre le bien et le passable.

4° Le recrutement des élèves-maîtresses se fait difficilement dans plusieurs départements, notamment dans celui d'Eure-et-Loir. Les institutrices des communes constatent qu'il leur est difficile de garder les jeunes filles jusqu'à quinze ans, âge d'admission à l'école normale; d'où il paraît nécessaire qu'un pensionnat préparatoire, relevant aussi du Ministère, soit annexé à toutes les écoles normales. Les bons résultats ressortant de cette organisation existant à l'école normale de Chartres depuis sa création font désirer que cette mesure se consacre et se généralise.

5° Ne pourrait-on pas, par une mesure générale dont l'initiative serait prise par l'administration supérieure, établir sur un taux moyen l'indemnité que les directrices d'école communale demandent pour la nourriture à leurs maîtresses adjointes? Dans les écoles ayant un certain nombre de pensionnaires, cette indemnité ne devrait-elle pas être nulle ou à peu près?

6° Le conseil émet le vœu que la facilité de parcours à prix réduits sur les chemins de fer soit accordée à tous les membres de l'enseignement primaire.

7° Le conseil demande la prolongation du congé de Pâques en faveur du personnel ayant pris part au congrès pédagogique.

La Directrice de l'École,

Sibut.

DÉPARTEMENT DE LOIR-ET-CHER.

ÉCOLE NORMALE D'INSTITUTRICES DE BLOIS.

I.

Art. 1er. — Les délégations à titre provisoire dans les fonctions de maîtresse adjointe n'ont pas leur raison d'être, puisqu'une distinction est établie entre les professeurs et les maîtresses adjointes, au point de vue du titre e du traitement. Pour celles-ci comme pour les directrices, la délégation à titre provisoire a des inconvénients pour l'autorité dont tout maître a besoin.

Proposition. — Nomination à titre définitif des maîtresses adjointes dès leur entrée à l'école normale, avec l'obligation de subir l'examen dans un délai de trois années.

Art. 2. — Depuis les dernières nominations de professeurs, il n'est tenu aucun compte à l'école normale des services rendus dans l'enseignement public.

Proposition. — Cinq ans dans l'enseignement public donneront droit, dès l'entrée à l'école normale, à la deuxième classe comme maîtresse adjointe ou professeur, selon le cas.

Art. 3. — Le traitement des directrices n'a subi aucune augmentation; elles ont autant de charges que les directeurs, et il paraît d'ailleurs anormal qu'elles aient une situation inférieure à celle de quelques-uns de leurs professeurs.

Proposition. — Le traitement des directrices sera augmenté de 1,000 francs par classe.

Art. 4. — Les économes et les directrices d'école annexe sont dispensées, avec raison, de toute surveillance, mais elles laissent ainsi une assez lourde charge aux autres professeurs, souvent peu nombreux.

Proposition. — Pour alléger la tâche des professeurs, toute école normale aura droit à une surveillante.

II.

Les élèves des trois années n'ont pas assez de temps pour la lecture, le travail manuel, la pratique du ménage. En général les programmes sont chargés ou trop difficiles.

Il n'existe pas de programme de littérature, mais celui du brevet supérieur indique suffisamment les auteurs et les ouvrages sur lesquels il convient particulièrement d'insister.

L'enseignement de la psychologie et de la morale est possible d'après les programmes, si l'Administration pense que des notions très élémentaires suffisent, particulièrement pour la psychologie. Même dans ces conditions, la psychologie, devant être enseignée aux élèves de première année, offre encore bien des difficultés.

Proposition. — Simplifier les programmes et particulièrement ceux de chimie et de dessin géométrique.

Les élèves de deuxième année recommenceront avec les élèves de première année le cours élémentaire de psychologie.

III.

Les écoles maternelles et les cours primaires supérieurs ne peuvent être fondés que dans les écoles normales qui comptent ou qui peuvent recevoir un assez grand nombre d'élèves pour assurer les différents services, non seulement à l'école normale, mais dans le département.

IV.

Les écoles normales pourraient préparer au certificat d'aptitude pédagogique les institutrices de leur département et donner l'esprit de corps à leurs anciennes élèves, tout en stimulant leur zèle.

Proposition. — Les écoles normales recevront comme internes, pendant les examens d'entrée à l'école, autant d'anciennes élèves que l'établissement peut en contenir.

Le personnel se charge de corriger les devoirs, de diriger le travail et les lectures des institutrices qui se préparent au certificat d'aptitude pédagogique.

(Ce projet offre dans la pratique certaines difficultés, mais il est possible, et paraît mériter examen, en raison des services qu'il peut rendre.)

V.

La réunion émet les vœux suivants:

1° Faculté pour les directrices de ne présenter aux examens du brevet supérieur que les élèves ayant des chances de succès.

2° Don, aux élèves qui sortent de l'école normale, des livres les plus indispensables pour continuer leurs études.

3° Organisation de voyages instructifs pour les élèves-maîtresses.

4° Réduction des prix de chemin de fer pour tout le personnel de l'enseignement primaire, quels que soient les motifs des voyages et leur époque.

La Directrice de l'École,

MAZIER.

DÉPARTEMENT DU LOIRET.

ÉCOLE NORMALE D'INSTITUTRICES D'ORLÉANS.

I.

L'école normale d'institutrices d'Orléans n'ayant pas participé aux améliorations réalisées dans les établissements du même genre en ce qui concerne la situation faite au personnel enseignant, le régime disciplinaire, l'institution de l'économat, etc., n'a pas à apprécier sous ce rapport les résultats de la nouvelle organisation.

II.

Psychologie et morale. — Autant qu'on peut en juger après six mois d'expérience de l'application des nouveaux programmes, le cours de psychologie et de morale semble devoir être réservé aux élèves de troisième année, qui, par leur âge et la culture antérieure de leur esprit, sont seules capables d'en profiter réellement.

Le cours de pédagogie, qui est en même temps une étude psychologique, pourrait suffire en première et en deuxième année. Il y aurait peut-être lieu aussi de dégager le cours d'instruction morale pratique et d'instruction civique de quelques détails qui ne visent pas directement la situation et les devoirs des jeunes filles. (Salariés et patrons, droit des gens, etc.)

Histoire. — Il semble difficile d'achever le moyen âge en un seul trimestre.

La période de 1610-1789 ne peut guère non plus se traiter en trois mois.

Tout en reconnaissant l'importance de l'histoire contemporaine, il faut remarquer qu'en lui consacrant deux trimestres, on emploie le tiers du temps fixé pour l'étude de l'histoire générale à la préparation d'une seule époque.

Géographie. — Une classe d'une heure par semaine est insuffisante pour l'étude de la géographie.

Le programme de la troisième année paraît devoir mieux être placé en deuxième année, et réciproquement. En effet, il paraît logique de faire suivre l'étude de la France de celle de l'Europe.

Ne pourrait-on pas d'ailleurs laisser au professeur la répartition des matières ?

Sciences physiques et naturelles. — Il serait bon de consulter le professeur sur les envois de machines et d'appareils, de réduire les programmes de chimie et de géologie et d'ajouter à celui de physique les machines d'induction qui sont toutes d'actualité.

Économie domestique. — Il paraît difficile, pour ne pas dire impossible, d'initier les élèves à la préparation des repas, à la tenue d'un jardin, d'une basse-cour, d'une ferme. Il faudrait pour cela, outre la proximité de ces dernières, un plus grand nombre d'heures que le programme n'en assigne.

En ces sortes de choses d'ailleurs, les théories les plus complètes ne valent pas une heure de pratique.

III.

La fonction de l'école annexe et de l'école maternelle qui doit y être jointe, le rôle que les élèves-maîtresses y doivent avoir sont très judicieusement conçus dans le programme.

Il va sans dire que leurs attributions dans la classe varient d'après la nature de l'école annexe.

IV.

L'école normale n'est pas seulement une famille où se forment les générations d'institutrices, elle est aussi pour elles le foyer d'où rayonnent sur l'enseignement scolaire la lumière et la chaleur par conséquent la fécondité et la vie. De là, la nécessité pour les anciennes élèves d'entretenir avec l'école des rapports fréquents, et de venir y puiser, comme à la source, les conseils nécessaires, soit pour la direction de leur classe, soit pour leur conduite particulière.

C'est ce qui se pratique depuis plus de trente ans à l'école normale d'Orléans.

Chaque année les institutrices ont, dans cette maison, si connue et si aimée de la plupart d'entre elles, des exercices appropriés au but de leurs communs efforts, c'est-à-dire la connaissance et le perfectionnement de leurs moyens d'action sur les enfants dont l'éducation leur est confiée.

C'est là que, dans l'intimité des affections les plus cordiales et des conseils les plus salutaires, elles viennent retremper leur courage et se pénétrer des nouveaux devoirs que la loi impose à leur dévouement ; c'est là que, sous la triple inspiration de la religion, de l'amitié et de l'expérience, elles viennent puiser de nouvelles forces pour l'accomplissement de leur tâche, si pénible quelquefois, mais si pleine de consolations par le bien qu'elles peuvent et doivent faire dans les écoles.

Si à ces conseils venaient s'ajouter l'autorité et l'expérience de l'inspecteur d'académie, il y aurait dans ces réunions un excellent moyen de donner à un département la plus heureuse comme la plus utile impulsion au point de vue pédagogique.

V.

La réunion émet les vœux suivants :

1° Que les élèves ne soient pas présentées à l'examen au bout de leur première année, mais après dix-huit mois de séjour à l'école normale ;

2° Que les questions d'arithmétique données à l'examen de juillet ne dépassent pas les limites du programme de première année ;

3° Qu'il soit tenu compte des observations faites sur les diverses branches de l'enseignement ;

4° Que le personnel de l'école soit accru par la création d'un emploi d'économe ;

5° Que la directrice et les maîtresses adjointes participent, dans une certaine mesure, aux avantages accordés à leurs collègues dans les autres écoles normales, et que le modique traitement qui leur a été accordé jusqu'en 1881 soit sinon augmenté, du moins respecté.

La Directrice de l'École,

TANGUY.

DÉPARTEMENT DE LA MARNE.

ÉCOLE NORMALE D'INSTITUTRICES DE CHÂLONS-SUR-MARNE.

I.

1° Que les maîtresses adjointes internes comme externes soient dispensées de tout service intérieur, d'où découle la nécessité d'une surveillance spéciale.

2° Que l'économe soit prise en dehors du personnel enseignant.

II.

1° Que l'instruction civique, qui fait partie du programme de troisième année, soit enseignée en première année.

2° Eu égard aux exercices pratiques que les élèves de première année font pendant le deuxième semestre à l'école annexe, que le programme de pédagogie de deuxième année devienne celui de première et inversement.

3° Que le cours d'histoire littéraire proprement dite commence en deuxième année.

4° Que deux heures par semaine au lieu d'une soient accordées à la géographie dans chaque année.

Que le cours de géographie de deuxième année commence par une étude détaillée de l'Europe pour aider au programme d'histoire.

5° Que le cours de géologie de première année, qui ne peut se faire que superficiellement à cause de l'ignorance complète dans laquelle se trouvent les élèves de première année des plus simples notions de chimie, soit reporté en troisième année et remplacé par une étude plus étendue de la botanique.

Que les heures consacrées à l'histoire naturelle en troisième année soient portées à deux, vu l'étendue du programme et le besoin de revision.

III.

Que l'école annexe soit organisée en vue des écoles que les élèves-maîtresses auront à diriger. Celles-ci rempliront tour à tour les fonctions d'institutrice adjointe et de directrice.

IV.

Que des conférences annuelles réunissent à l'école normale les anciennes élèves institutrices dans le département.

V.

1° Que le titre de professeur soit décerné aux maîtresses adjointes titulaires avant le décret du 5 juin 1880;

2° Qu'après l'examen du brevet élémentaire, les élèves qui seront jugées incapables d'obtenir le brevet supérieur travaillent en vue du certificat d'aptitude à la direction des salles d'asile.

La Directrice de l'École,

GRANET.

DÉPARTEMENT DE SEINE-ET-MARNE.

ÉCOLE NORMALE D'INSTITUTRICES DE MELUN.

I.

1° Situation faite au personnel enseignant :

L'externat sera accordé aux professeurs et maîtresses adjointes, à la condition qu'elles pourront vivre au dehors dans leurs familles.

Cette condition ne sera pas imposée à ces mêmes fonctionnaires âgées de plus de vingt-cinq ans.

La directrice ne peut admettre ce dernier vœu.

En tout cas l'externat sera facultatif.

2° *Le régime disciplinaire.* — Après étude, le régime disciplinaire tel qu'il est établi a paru ne donner lieu à aucune observation.

Cependant un système gradué de récompense pourrait être utilement mis en pratique.

3° *Institution de l'économat.* — Le traitement supplémentaire accordé à l'économe, dans les conditions où elle exerce actuellement ses fonctions, sera augmenté, ou le chiffre de son cautionnement sera diminué.

Mais il a paru que les soins qu'exigent l'entretien et la nourriture de cinquante personnes environ, le service de la lingerie dans une école normale d'institutrices, la surveillance de l'infirmerie, la direction des domestiques et la garde du mobilier réclamaient tout le temps d'un fonctionnaire spécial « non professeur, » et qu'une économe pourrait remplir ces différentes charges, en qualité de surveillante générale, la directrice restant responsable.

Ces fonctions pourraient être confiées à des personnes ayant appartenu, par elles-mêmes ou par leur famille, à l'un des trois ordres de l'enseignement, et offrant d'ailleurs les qualités nécessaires.

4° *Surveillantes spéciales.* — Il est à souhaiter que, conformément aux derniers règlements, des surveillantes soient accordées aux écoles normales en nombre suffisant pour que les professeurs et maîtresses adjointes puissent être maintenues dans le seul service de l'enseignement.

Ces surveillantes devraient être prises parmi les bonnes élèves-maîtresses qui, à la fin de leur troisième année, seraient désireuses de poursuivre leurs études en vue de l'admission à l'école normale supérieure.

Si ce service de surveillance ne devait pas être fait entièrement par des fonctionnaires spéciales, il vaudrait mieux le laisser à la charge exclusive du personnel enseignant.

II.

1° *Principales difficultés que présente l'application des nouveaux programmes.* — Les nouveaux programmes n'ont pas pu être suffisamment expérimentés : en cela le Congrès est prématuré. Toutes les années d'école normale se trouvent en non-conformité avec ces programmes. C'est un état transitoire qui ne permet pas de prononcer un jugement d'ensemble sur la réforme en voie d'accomplissement.

2° *Enseignement littéraire.* — Le programme de cet enseignement est tout à faire ; les étapes devraient y être marquées comme elles le sont pour l'histoire, la physique, la chimie, etc.

3° *Psychologie et Morale.* — Un manuel « pratique » de cet enseignement, « à la portée des élèves-maîtresses, » n'existe pas : des leçons de la directrice ne peuvent être suffisamment retenues sans cette aide.

4° *Répartition des matières.* — L'enseignement de l'histoire littéraire devrait commencer en première année.

Une heure de « géographie » en chaque année ne suffit pas.

Deux heures « d'arithmétique » suffiraient en seconde et en troisième année.

Le « dessin » occupe trop de temps en première et en seconde année.

Les huit heures accordées aux « sciences naturelles » ne suffisent pas.

La directrice constate que les exigences de la préparation aux examens font que le programme scientifique, en dépit de la répartition du temps, déborde sur le programme littéraire, et que, tandis que les bibliothèques sont vides d'ouvrages de critique d'histoire et de morale, il y a déjà un superflu d'instruments, de collections et d'objets destinés à l'enseignement des sciences.

5° Moyens pratiques qu'on croit pouvoir proposer pour assurer le succès de la réforme :

Les examens du brevet simple et du brevet supérieur ne sont pas en conformité avec l'esprit du programme des écoles normales; la préparation à ces examens rétrécit l'enseignement.

a. Il est à désirer ou que le programme et la forme des examens pour les deux brevets soient modifiés dans le sens de l'enseignement des écoles normales;

Ou que cet enseignement, contrôlé par des examens de passage et de sortie, suffira, sans les brevets, à faire des « institutrices ».

b. Aucune des maîtresses adjointes ne pourra être admise à subir l'examen du « professorat » qu'après deux ans d'un enseignement satisfaisant dans les écoles normales.

c. Toute directrice d'école normale doit avoir un double certificat d'aptitude à l'enseignement des sciences et des lettres.

d. Le titre de « directrice » ne sera acquis qu'après un an au moins de direction provisoire sérieusement contrôlée.

Les changements trop fréquents de personnel sont préjudiciables aux études.

III.

1° *Situation à faire à la directrice.* — La directrice de l'école annexe doit être choisie parmi les meilleures institutrices du département ou de la région.

La situation de cette institutrice est souvent supérieure par le traitement et les avantages accessoires à celle des professeurs et maîtresses adjointes d'école normale ; il est donc nécessaire de lui faire dans cet établissement une situation au moins égale à celle qu'elle quitte.

2° *Rôle des élèves-maîtresses.* — Le principe est que les élèves-maîtresses doivent apprendre à l'école annexe la pratique de la direction d'une classe. En y passant chacune à tour de rôle toute une journée, elles n'arrivent, à la fin de l'année, qu'à une expérience insuffisante. Il faut donc faire que dans l'école normale un roulement de service soit établi de telle sorte que, dans chacune des trois divisions de l'annexe, six élèves-maîtresses de chaque année soient envoyées chaque jour, pendant une heure chacune, en qualité d'assistantes, d'adjointes ou de directrices, suivant leur promotion.

Il n'y aura, de cette façon, qu'une heure de travail d'étude à l'école normale enlevée chaque jour aux élèves-maîtresses pour les fonctions de l'annexe, et la multiplicité des expériences laissera dans les esprits des traces beaucoup plus durables.

Les écoles mixtes existant encore en nombre considérable dans beaucoup de départements, il importe que les élèves-maîtresses fassent, en fin d'année, quelques expériences de la direction de ces écoles, à l'aide d'escouades de petites élèves empruntées à l'école communale.

3° *Extension de l'annexe, Écoles maternelles.* — Partout où existera une école maternelle « modèle » annexée à l'école normale, le service devra être placé sous la surveillance de la directrice de l'école normale.

4° *Cours primaires supérieurs.* — L'utilité de la création d'un cours primaire supérieur à l'école annexe a paru incontestable. Il faut que les élèves-maîtresses puissent y trouver le modèle d'un enseignement qu'elles peuvent être appelées à donner. (Unanimité.)

Des candidates à l'école normale y trouveront en outre un établissement où elles pourront attendre, en s'y préparant, l'époque de l'examen d'entrée, que les règlements scolaires et les exigences de la famille ne leur permettent pas d'attendre à l'école communale. (Unanimité.)

Un internat pour quelques élèves boursières assurerait encore mieux le recrutement des élèves-maîtresses. (Unanimité.)

Des élèves-maîtresses sortant de l'école normale pourraient être chargées plus spécialement de la direction de ce cours.

IV.

La direction de l'école normale ne doit pas être renfermée dans cet établissement:

1° Représentée au conseil départemental, elle prendra part aux intérêts du personnel.

2° Enseignant les méthodes et s'appliquant à former des « institutrices », il importe que la directrice de l'école normale puisse juger de la pratique de son enseignement et de ses leçons. N'est-elle pas « l'inspectrice départementale » des écoles communales de filles tout naturellement indiquée? Deux ou trois voyages d'un jour ou deux par mois suffiraient à cette tâche, sans préjudice pour la direction de l'école normale et sans autres dépenses nouvelles pour l'État que celle d'une indemnité pour « frais de tournées ».

3° Des correspondances trimestrielles, traitant des embarras ou des incertitudes de la pratique scolaire, seront établies entre les anciennes élèves de l'école normale et la direction, d'autant plus aisément que celle-ci sera plus permanente. Des conférences pédagogiques devront être faites à l'école normale, à l'époque des congés, en dehors du personnel administratif, aux anciennes élèves et aux institutrices qui voudront se joindre à elles. Un compte rendu en sera adressé à l'administration supérieure.

De cette manière on arrivera peut-être à faire que la « solidarité » du corps enseignant ne soit pas un vain mot.

V.

VOEUX ET PROPOSITIONS DES MEMBRES DU CONGRÈS.

1° L'égalité de traitement entre le personnel des écoles normales d'instituteurs et celui des écoles normales d'institutrices est réclamée comme une mesure de justice. (Unanimité.)

2° Les cartes de circulation, à demi-tarif, sur les différentes lignes de chemin de fer, pour des besoins de service constatés, ne doivent pas être refusées dans l'école normale à la seule directrice.

La Directrice de l'École,

LOIRET-GRIESS.

DÉPARTEMENT DE SEINE-ET-OISE.

ÉCOLE NORMALE D'INSTITUTRICES DE VERSAILLES.

I.

1° *Situation générale; économat.* — Il est à désirer que la maîtresse chargée de ce service soit choisie dans le personnel de l'établissement, et que la part d'enseignement qui lui est réservée soit celle qui est indiquée par la nature même de ses fonctions: économie domestique, couture, surveillance des élèves dans les soins de la maison et du jardin.

2° *Régime disciplinaire.* — Des règles générales peuvent être difficilement établies. Il semble très convenable que MM. les recteurs aient toute latitude, les commissions de surveillance entendues, dans les questions de détail touchant le régime intérieur. L'exclusion temporaire des élèves en cas de faute grave est autorisée; l'efficacité de cette mesure me semble contestable.

3° *Surveillance.* — La surveillance est une charge de confiance et d'autorité et ne peut être donnée qu'à des personnes offrant toutes garanties sous le rapport de l'éducation et du caractère. L'esprit de famille qui doit régner dans nos écoles exige que les maîtresses abdiquent le moins possible cette partie de leur tâche. A moins que l'importance de l'école ou le nombre des professeurs externes ne rendent nécessaire le concours d'une surveillante, il paraît préférable de répartir ce service entre les maîtresses. Que les maîtresses externes, s'il y en a, en aient leur part; enfin, dans le cas contraire, qu'une différence de traitement soit établie entre elles et celles de leurs collègues qui accepteraient la surveillance.

II.

ENSEIGNEMENT.

Voici les vœux qu'une expérience encore trop courte permet d'émettre quant au programme et à ses diverses parties :

1° *Enseignement moral et civique.* — Répartition :

Première année. — Psychologie ;

Deuxième année. — Morale théorique et pratique ;

Troisième année. — Enseignement civique et revision du cours.

Pédagogie. — La partie méthodologique réservée à la directrice de l'école annexe.

2° *Enseignement littéraire.* — Quelques notions très succinctes d'histoire littéraire ancienne et étrangère moderne à ajouter au programme de troisième année, non pour étendre, mais pour coordonner les cours.

3° *Arithmétique.* — Quelques éléments d'algèbre en deuxième année, non comme but, mais comme moyen.

4° *Dessin géométrique.* — Le programme indique les projections ; cet enseignement doit nécessairement s'appuyer sur un cours *élémentaire de géométrie non prévu au programme.*

5° *Coupe et assemblage.* — Il est à souhaiter que les cours institués à Paris aux vacances d'automne soient continués jusqu'à diffusion suffisante et établissement régulier de cet enseignement dans toutes les écoles normales. Suppression, pendant le deuxième semestre de la troisième année, d'une heure de couture, qui pourrait être consacrée à telle partie de l'enseignement qui demande à être fortifiée.

III.

1° La directrice choisie, autant que possible, parmi les anciennes élèves de l'école normale.

2° Enseignement théorique des procédés pédagogiques fait à l'école annexe.

3° Augmentation de 300 francs *au moins* du traitement des directrices d'école annexe.

Annexion à l'école normale d'un groupe scolaire comprenant: écoles maternelle, enfantine, primaire, élémentaire et supérieure.

IV.

Néant.

V.

VOEUX RÉCAPITULATIFS.

1° Pas de concurrence entre les élèves de l'enseignement secondaire et de l'enseignement primaire pour l'obtention d'un titre identique. En conséquence création d'un diplôme spécial comme sanction des études secondaires de jeunes filles.

2° Création d'une quatrième année d'études consacrée à l'éducation professionnelle.

3° Établissement d'une session d'examen pour le brevet de capacité en octobre ou en novembre, afin de permettre aux élèves de première année qui l'auraient passé en juillet de se représenter, si elles sont maintenues, avant la reprise des cours de l'école normale.

4° Égalité de traitement entre les fonctionnaires des écoles normales d'instituteurs et d'institutrices. Indemnité de résidence, dans les grands centres, aux membres du personnel qui n'ont pas droit aux prestations en nature et à l'alimentation.

5° Parcours à demi-tarif en chemin de fer, à toute époque de l'année, aux fonctionnaires de l'enseignement primaire.

La Directrice de l'École,

BERGIN.

ACADÉMIE D'AIX.

DÉPARTEMENT DES BOUCHES-DU-RHÔNE.

ÉCOLE NORMALE D'INSTITUTRICES D'AIX.

I.

1° Le personnel enseignant, réuni en conférence, adresse ses respectueux remercîments à M. le Ministre pour les améliorations notables dues à sa bienveillante sollicitude.

Considérant cependant que la nomination des fonctionnaires des écoles normales d'institutrices exige les mêmes titres que celle des fonctionnaires des écoles normales d'instituteurs;

Considérant que l'internat, généralement obligatoire pour les femmes, augmente leur responsabilité et par suite la somme des services rendus;

Considérant, d'autre part, l'identité du nombre d'heures de travail,

La conférence trouve qu'il y a lieu de réclamer qu'une identité parfaite existe aussi dans les traitements.

2° Comme il est très désirable que les personnes chargées de l'enseignement soient en contact continuel avec leurs élèves afin qu'elles puissent arriver à les connaître moralement, et par suite à former leur caractère, à diriger leurs tendances, les maîtresses-adjointes demandent qu'une large part leur soit laissée dans la surveillance.

3° Considérant la nécessité d'un développement physique suffisant pour que le travail excessif de l'école normale ne nuise pas à la santé des jeunes filles;

Considérant l'importance d'une maturtité relative de caractère qui leur permette de se plier sans peine à la discipline, et de comprendre la valeur de leurs futures fonctions et l'obligation de s'y préparer avec soin;

Considérant en outre que, d'après les règlements, les aspirantes au brevet élémentaire doivent avoir seize ans au 1er janvier de l'année dans laquelle elles se présentent, la conférence décide qu'il y a lieu de réclamer avec instance la suppression de toute dispense d'âge pour l'admission à l'école normale.

4° Le devoir de ne pas perdre de vue que les écoles normales ont pour but surtout de former des institutrices destinées à répandre l'instruction dans les campagnes; l'impossibilité d'approfondir suffisamment dans l'espace d'une année les matières qui sont la base de cet enseignement, nous font émettre le vœu que l'examen élémentaire ne soit subi qu'à la fin de la deuxième année.

Cette mesure ne nécessiterait aucune modification dans les programmes actuels, relativement aux matières facultatives dont l'étude, ainsi que l'expérience nous l'a prouvé, ne saurait nuire à celle des matières obligatoires.

II.

Les difficultés que présente l'application des nouveaux programmes proviennent, en ce qui concerne la psychologie et la morale, de leur répartition dans les différents cours.

Les notions de psychologie qui doivent être données en première année pourraient être avantageusement remplacées par la pratique, plus à la portée d'intelligences peu préparées à la connaissance des choses abstraites. L'étude complète de la psychologie serait réservée pour la troisième année; celle de la pédagogie garderait sa place.

Pour ce qui est de l'enseignement des sciences, les obstacles proviennent du manque de temps. L'augmenter autant que possible, en diminuant le nombre d'heures affectées aux travaux de couture, nous semble le meilleur moyen pratique d'amélioration et de succès. Il nous paraîtrait bon aussi que l'étude de la géologie, qui nécessite, pour être faite avec fruit, des données scientiliques inconnues aux élèves de première année, fût aussi répartie complètement en troisième année.

Elle pourrait être utilement remplacée par la zoologie, étudiée à grands traits comme l'est la botanique.

III.

En raison de la valeur des services qu'une directrice d'école annexe est appelée à rendre, et de l'obligation où elle est, pour arriver à ce résultat, d'être parfaitement initiée au régime des écoles normales, la conférence émet les vœux suivants:

1° Que des avantages matériels soient attachés à cette position ;

2° Qu'elle ne soit donnée qu'à des personnes ayant déjà fait leurs preuves dans l'enseignement public;

3° Que la directrice de l'école annexe soit de préférence choisie parmi les anciennes élèves de l'école normale.

L'organisation de l'école annexe doit être telle que les élèves-maîtresses puissent s'y exercer sérieusement à la pratique de l'enseignement en vue des diverses écoles qu'elles peuvent être appelées à diriger totalement ou en partie.

Pour atteindre ce but, il nous paraîtrait bon :

1° De limiter le nombre des élèves à 50 ou 60, chiffre moyen des écoles à une seule maîtresse;

2° De diviser ces élèves en trois cours, correspondant à la fois aux divisions des écoles à une seule maîtresse et aux diverses classes des écoles plus nombreuses. Trois élèves-maîtresses, prises chacune dans une des trois années, y seraient respectivement chargées du cours élémentaire, du cours moyen et du cours supérieur. Une fois par semaine l'élève de troisième année aurait seule la direction de la classe afin de se préparer plus spécialement à l'exercice des fonctions qu'elle doit prochainement remplir.

IV.

Le personnel des écoles normales peut rendre de réels services au personnel enseignant en activité dans le département:

1° Par la continuation de ses conseils aux élèves qui lui ont appartenu;

2° Par la communication du résultat de ses études et de ses observations pédagogiques aux divers membres de l'enseignement.

Dans ce but, il serait bon d'organiser des retraites pédagogiques faites à l'école normale chaque année à une époque fixe. Les anciennes élèves y seraient admises de droit; les institutrices étrangères à l'école pourraient, sur leur demande et avec l'autorisation de M. l'Inspecteur d'académie, y prendre part également.

Des conférences faites par les maîtresses adjointes de l'école normale porteraient, soit sur les matières les plus négligées dans les programmes anciens, soit sur les questions de méthode avec lesquelles bien des institutrices ne sont pas encore familiarisées.

Ces réunions produiraient incontestablement des fruits au point de vue intellectuel, et auraient une heureuse influence au point de vue moral. Elles prépareraient cette fusion des intelligences et des cœurs si propre à faire du corps enseignant une véritable famille dont tous les membres seraient animés du même désir: celui de faire le bien et de répondre aux vœux de l'Administration, si désireuse de voir prospérer l'enseignement primaire.

V.

RÉSUMÉ DES VOEUX.

Que les traitements des fonctionnaires des écoles normales d'institutrices soient assimilés à ceux des fonctionnaires des écoles normales d'instituteurs;

2° Que le personnel enseignant ne soit pas déchargé de la surveillance.

3° Qu'aucune dispense d'âge ne soit accordée pour l'admission à l'école normale.

4° Que l'examen du brevet élémentaire soit subi à la fin de la deuxième année seulement.

5° Que l'enseignement de la morale et de la psychologie soit réparti de la façon suivante:

Première année: Morale pratique (Enseignement civique).

Deuxième année: Morale théorique (idem).

Troisième année: Étude complète de la psychologie (idem).

6° Qu'une heure de plus par semaine, prise sur le temps consacré aux travaux de couture, soit affectée à l'enseignement des sciences.

Que l'étude de la zoologie remplace celle de la géologie en première année;

Que cette dernière soit reportée en troisième année.

7° Que des avantages réels soient attachés à la position de directrice d'école annexe, afin qu'elle soit enviée par les institutrices placées à la tête des meilleures écoles du département.

8° Qu'une bibliothèque pédagogique à l'usage des élèves-maîtresses, et renfermant plusieurs exemplaires du même ouvrage, soit réglementaire dans les écoles normales.

9° Qu'une retraite pédagogique soit faite annuellement à l'école normale pour les institutrices du département.

10° Qu'un cours primaire supérieur, composé d'élèves ayant le certificat d'études, soit établi dans l'école annexe.

11° Qu'une école maternelle soit annexée à l'école normale afin que les élèves puissent par des exercices pratiques se préparer au certificat d'aptitude à la direction de ces écoles.

La Directrice de l'École,

M. Joubert.

DÉPARTEMENT DE LA CORSE.

ÉCOLE NORMALE D'INSTITUTRICES D'AJACCIO.

I.

En ce qui concerne la situation faite au personnel :

La réunion approuve toutes les décisions ministérielles.

Mais, considérant l'insuffisance de préparation des élèves-maîtresses pour la langue française et l'étendue des programmes,

La réunion émet le vœu :

Qu'il soit donné à chaque école normale trois professeurs pour l'enseignement des lettres.

En ce qui concerne la discipline :

Considérant que les correspondants des élèves-maîtresses peuvent ne pas offrir des garanties suffisantes, et que les sorties hebdomadaires nuisent sensiblement aux progrès des études, la réunion émet le vœu :

1° Que les parents seuls aient le droit de faire sortir les élèves-maîtresses ;

2° Qu'il ne soit accordé qu'une sortie par mois.

En ce qui concerne l'économat,

La réunion émet le vœu :

1° Que les économes choisies parmi les maîtresses des écoles normales soient dispensées de fournir un cautionnement ;

2° Qu'elles soient déhcargées des surveillances ;

3° Qu'elles n'aient que six heures d'enseignement par semaine.

En ce qui concerne les examens de passage, la réunion émet le vœu :

1° Que l'article 23 du règlement soit appliqué aux élèves-maîtresses de première année aussi bien qu'à celles de deuxième ;

2° Que la liste des aspirantes à l'école normale ne soit définitivement arrêtée qu'à la suite des examens de passage d'année qui peuvent amener le renvoi de quelques élèves de première et de deuxième année.

II.

En ce qui concerne les nouveaux programmes:

Considérant que les élèves-maîtresses de première année peuvent avoir à traiter une question de pédagogie pour l'obtention du brevet élémentaire; que les programmes de littérature, et de géographie sont très étendus et que le temps accordé pour les parcourir est très limité,

La réunion émet le vœu :

1° Que les élèves de première année aient un cours complet de pédagogie et qu'il soit accordé pour ce cours deux heures par semaine ;

2° Que les quatre heures destinées à l'enseignement de l'histoire en première année soient réparties de la manière suivante :

Trois heures, histoire de France ;

Une heure, histoire ancienne ;

3° Que les élèves de troisième année aient une heure de français chaque jour, excepté le dimanche;

4° Qu'il soit consacré deux heures par semaine à l'étude de la géographie.

III.

En ce qui concerne l'organisation de l'école annexe:

Considérant l'importance pédagogique de cette école,

La réunion estime qu'il est nécessaire d'en faire une école modèle.

Elle émet le vœu :

1° De n'en confier la direction qu'à des personnes ayant acquis une grande expérience ;

2° Qu'il soit alloué à la directrice un supplément de traitement.

En ce qui concerne l'extension de l'école annexe,

La réunion émet le vœu :

Qu'un cours y soit organisé pour la préparation à l'école normale.

IV.

En ce qui concerne les services que l'école normale peut rendre au personnel de l'enseignement primaire,

La réunion émet le vœu :

Que des conférences pédagogiques, auxquelles les élèves de troisième année prendraient part, soient organisées dans les écoles normales.

V.

VŒUX.

Il serait à désirer :

1° Que des cartes permanentes de demi-tarif fussent accordées aux directeurs, directrices et à tous les fonctionnaires de l'enseignement primaire public ;

2° Qu'une indemnité fût accordée aux fonctionnaires des deux écoles normales d'Ajaccio. L'insalubrité du climat les mettant dans la nécessité de quitter leur poste pendant les vacances, ils sont obligés à des frais de déplacement plus considérables.

La Directrice de l'École,

LEMERCIER.

ACADÉMIE DE BESANÇON.

DÉPARTEMENT DU DOUBS.

ÉCOLE NORMALE D'INSTITUTRICES DE BESANÇON.

I.

Situation faite au personnel enseignant. — L'augmentation des traitements établie par la loi du 30 juillet 1881 était nécessaire pour la dignité du personnel, qui est très reconnaissant de la sollicitude du Gouvernement.

Régime disciplinaire. — Les nouveaux règlements n'ont pas apporté de changements dans le régime disciplinaire de l'école normale de Besançon ; ils n'ont fait que sanctionner ceux qui y étaient en vigueur.

Institution de l'économat. — L'institution de l'économat a été un très grand bienfait, pour plusieurs raisons :

Les maîtresses adjointes partageant autrefois le travail des écritures avec la directrice, la marche régulière de leurs occupations professionnelles était entravée par ce surcroît de travail qui leur incombait par intervalles. Maintenant que l'économe est seule chargée de la comptabilité, elle peut se charger de cette fonction sans précipitation, avec beaucoup plus de suite et de soin que les maîtresses adjointes ne pouvaient le faire, et son travail est toujours achevé en temps opportun.

La situation morale de la directrice a beaucoup gagné à l'établissement de l'économat, qui la met désormais à l'abri de tout soupçon.

D'ailleurs les fonctions multiples de la directrice, étant très absorbantes, réclament toute son attention et ont besoin, pour s'exercer convenablement, de n'être pas entravées par le travail matériel qui est attribué aujourd'hui à l'économe, et sur lequel la directrice n'a plus à exercer qu'une simple surveillance.

La réglementation n'a pas prévu le cas des écoles normales très nombreuses où l'économe est tellement occupée qu'il lui est impossible de donner des leçons. A l'école normale de Besançon, par exemple, où 89 personnes prennent part à la table commune, le travail de l'économe est si considérable que ce fonctionnaire n'a pas assez de ses journées pour l'accomplir, et y consacre souvent une partie de la nuit.

Il serait à désirer que, dans les écoles normales dont l'effectif dépasse 60 élèves, l'économe pût être déchargée complètement de toute espèce de cours.

Institution des surveillantes. — L'institution des surveillantes est également très utile.

Elle permet aux maîtresses adjointes d'accorder plus de temps à leurs travaux professionnels ainsi qu'à leur culture personnelle.

De plus, les anciennes élèves qui sont choisies pour cet emploi ont ainsi une occasion excellente de se préparer au certificat d'aptitude à l'enseignement dans les écoles normales.

Mais il serait à regretter que la surveillance des élèves fût complètement abandonnée à ces jeunes maîtresses qui n'ont pas encore toute l'autorité et tout l'ascendant que donne l'expérience. Il y aurait un danger réel pour le bon esprit de l'école à ce que les professeurs n'intervinssent plus dans la surveillance. Mais on n'a pas cela à craindre dans les écoles normales d'institutrices, car une partie du personnel demande et demandera probablement toujours à prendre part à la table commune, ce qui entraîne la participation à la surveillance.

II.

L'esprit et l'étendue des programmes seraient très favorables à la culture générale des élèves, si l'obligation qui leur est imposée de prendre le brevet simple à la fin de la première année ne venait en quelque sorte enlever à cette culture générale, pour laquelle le cours triennal n'est pas de trop, une année tout entière.

Par exemple, la nécessité où l'on est de parcourir entièrement l'histoire de France pendant la première année rend étroite et imparfaite cette étude qui a besoin d'être éclairée par l'histoire ancienne et par celle des grandes nations européennes.

De même, il est assurément très avantageux d'enseigner la psychologie et la pédagogie dès la première année; mais cet enseignement, pour être bien compris, doit, surtout en ce qui concerne l'éducation physique, s'appuyer sur des notions de physiologie, de physique et de chimie usuelles, qui font tout à fait défaut aux élèves de première année, puisque les programmes renvoient cette étude à plus tard. Et même, si les élèves ont à traiter une leçon de choses aux examens du brevet simple, elles n'y sont pas du tout préparées.

Ainsi donc, la première année étant presque exclusivement consacrée à la préparation des élèves au brevet simple, les cours ne commencent vraiment qu'avec la deuxième année, et ne sont achevés qu'à la fin de la troisième année; il en résulte que les élèves ne dominent pas leurs connaissances, parce qu'elles n'ont pas pu se les assimiler par un travail personnel et vraiment sérieux, portant sur des vues d'ensemble.

Cela n'arriverait pas si l'on n'avait pas à se préoccuper du brevet simple, et si les programmes, tels qu'ils sont édictés, étaient, à quelques modifications près, parcourus dans les deux premières années.

Ces modifications seraient, par exemple, de ne réserver à la troisième année comme études nouvelles, pour les lettres, que les auteurs indiqués pour le brevet supérieur, et un complément de la géographie de l'Europe; pour les sciences, que l'hygiène, la chimie organique, la tenue des livres. Parmi ces matières, plusieurs ne sont que le résumé et l'application des études qui auraient été faites dans les deux premières années.

A la fin de la première année, des examens sérieux rendraient à leur famille les élèves reconnues incapables de suivre fructueusement les cours de l'école normale. Les autres seraient présentées au brevet simple à la fin de la deuxième année; la troisième année serait donc consacrée presque entièrement à la revision des matières étudiées précédemment et surtout au travail personnel des élèves. Elles feraient des devoirs sérieux sur toutes les matières, elles se livreraient à des lectures personnelles aussi nécessaires à leur culture littéraire qu'à leur développement général; exercices auxquels elles ne peuvent consacrer qu'un temps à peu près nul actuellement.

Toutes ces dispositions les rendraient capables d'être chargées des leçons du cours supérieur de l'école annexe.

III.

Situation à faire à la directrice. — On peut affirmer que, de la valeur morale et intellectuelle des directeurs et directrices d'école annexe, dépend l'avenir de l'instruction primaire; par conséquent, il est à souhaiter qu'ils soient choisis dans l'élite du personnel. Cela ne pourra avoir lieu que si leur recrutement est entouré de garanties et si leur situation devient assez belle pour être enviable.

Les garanties exigées seraient :

1° Que la directrice ait vingt-cinq ans d'âge;

2° Qu'elle possède le titre de professeur.

On améliorerait la situation :

1° En lui faisant les mêmes avantages qu'à l'économe, c'est-à-dire en lui permettant d'habiter à l'école normale sans prendre part à la table commune, si cela lui convient;

2° En rendant son traitement supérieur à celui des autres professeurs. La différence serait de 400 francs si la directrice d'école annexe était munie de l'un des certificats d'aptitude à l'enseignement dans les écoles normales (sciences ou lettres); de 800 francs au cas où elle posséderait ces deux certificats.

Par mesure transitoire, les directrices d'écoles annexes, actuellement en exercice, ne bénéficieraient pas de l'augmentation de traitement avant d'avoir l'âge et le titre exigés.

Rôle des élèves-maîtresses. — Extension de l'école annexe (École maternelle et cours supérieur). — L'annexion d'une école maternelle à l'école normale était nécessaire à l'éducation pédagogique des élèves. Il serait désirable qu'il fût de règle que les élèves fussent toutes présentées aux examens pour le certificat d'aptitude à la direction des écoles maternelles à la fin de leur cours et après l'obtention du brevet supérieur.

Le cours supérieur sera une bonne chose si les élèves de troisième année peuvent atteindre une culture suffisante pour être capables d'y donner les leçons.

IV.

Cette question est difficile à résoudre, parce que le temps fait défaut aux professeurs d'écoles normales pour venir en aide au personnel des écoles primaires. Il serait certainement très avantageux pour les anciennes élèves de l'école normale d'y envoyer des devoirs après leur sortie. Mais cet essai a été tenté inutilement à Besançon, et le personnel a été forcé de reconnaître que le temps lui manque pour la correction de ces devoirs, et qu'une telle tâche lui était impossible à mener à bonne fin.

Il serait possible d'organiser des réunions, des conférences pédagogiques annuelles; mais il semble que les réunions cantonales répondent à ce besoin et rendent cette création en quelque sorte inutile.

Dans tous les cas, le personnel de l'école normale peut toujours donner aux institutrices les conseils qui lui seront demandés, et leur communiquer, toutes les fois que l'occasion s'en présentera, les méthodes pratiquées à l'école annexe ou à l'école maternelle.

V.

Résumé des propositions faites par le personnel de l'école normale de Besançon, au sujet des questions proposées :

1° Dans les écoles normales qui comptent plus de 60 élèves, que l'économe soit complètement déchargée de l'enseignement;

2° Afin de favoriser la culture générale des élèves, il serait à souhaiter qu'elles ne prissent le brevet simple qu'à la fin de la deuxième année;

3° Qu'on exige des directrices d'école annexe : vingt-cinq ans d'âge, le titre de professeur, et qu'on leur accorde, si elles le désirent, l'autorisation de résider à l'école, sans prendre part à la table commune;

Un traitement supérieur de 400 francs à celui des autres professeurs, si elles ont un des certificats d'aptitude à l'enseignement dans les écoles normales, de 800 francs si elles ont les deux certificats;

4° Que les élèves de troisième année prennent le certificat d'aptitude à la direction des écoles maternelles à la fin de leur cours.

Pour le personnel de l'École normale
d'institutrices de Besançon,

La Directrice de l'École,

BONNET.

DÉPARTEMENT DU JURA.

ÉCOLE NORMALE D'INSTITUTRICES DE LONS-LE-SAUNIER.

I.

La création des surveillantes est une excellente chose à deux points de vue :

1° Ce fonctionnaire n'ayant au cuncours à préparer, peut exercer sur les élèves un contrôle beaucoup plus vigilant que les professeurs, dont les plus petits instants de liberté sont pris par le travail. L'ordre et la propreté de l'établissement ne peuvent que gagner au nouvel état de choses.

2° Cette création des surveillantes permet à de jeunes institutrices de continuer des études que leur séjour de trois ans à l'école normale n'avait pas complètement achevées. Dégagée de tout souci, la surveillante peut suivre la plupart des cours et se préparer sans fatigue à l'examen du professorat.

Conférences faites par les élèves-maîtresses. — L'innovation qui est appelée à être le plus profitable aux élèves-maîtresses est celle des conférences hebdomadaires et des corrections de devoirs.

Ces corrections et ces conférences faites devant les professeurs et les élèves réunis apprennent aux futures institutrices à classer les connaissances qu'elles ont acquises, à les exposer clairement et correctement. En outre, c'est le meilleur moyen pour nous de juger ce que peut valoir notre enseignement et quelles sont les modifications que nous pourrions y apporter, si nous constatons que nos élèves n'en retirent pas tout le fruit désirable.

Régime disciplinaire. — Depuis plusieurs années, on sentait le besoin d'élargir le régime disciplinaire de nos écoles normales, et le changement apporté cette année dans cette partie de l'éducation nous semble devoir donner les meilleurs résultats.

Les élèves ont d'ailleurs compris d'elles-mêmes que cette liberté qui leur était accordée, elles ne devaient en jouir que dans certaines limites. La bonne tenue générale de l'école n'a rien perdu et la dignité individuelle y a gagné. Il ne faut pas oublier que ces jeunes filles, élèves aujourd'hui, seront dans quelques mois livrées à elles-mêmes et qu'il faut les habituer à sentir peser sur elles une certaine responsabilisé morale qui ne peut exister avec un régime disciplinaire sévère et étroit.

Situation faite au personnel enseignant. — La situation faite aux maîtresses adjointes a été sensiblement améliorée par la création des surveillantes spéciales, mais il serait à désirer que le nombre de ces surveillantes fût le même que celui des dortoirs de chaque école, afin que les professeurs chargés de cours ne fissent aucun service intérieur. En outre, l'allocation de 500 francs nous a paru à toutes insuffisantes, et absolument incapable de remplacer les avantages accordés au maîtresses internes.

Institution de l'économat. — Les charges de l'économe sont si nombreuses et si variées, qu'il nous semblerait nécessaire que ce fonctionnaire fut complètement déchargé de cours; d'ailleurs il en est ainsi dans les lycées. Pour l'économe, le certificat de professeur serait remplacé par un certificat constatant qu'il est au courant de la comptabilité des écoles normales.

II.

La deuxième question est bien complexe, et demanderait pour être traitée convenablement beaucoup plus de temps que nous ne pouvons lui en consacrer.

Il ne faut pas se le dissimuler, l'application des nouveaux programmes présente de sérieuses difficultés, surtout en ce qui concerne les lettres.

Pour les sciences, la seule observation est pour les cours de chimie, troisième année, qu'il faudrait porter d'une demi-heure à une heure, car il est difficile, impossible même de faire en un temps aussi limité la leçon et les expériences.

Je passe à l'enseignement des lettres, qui dans nos réunions a donné lieu à bien des observations.

1° *Style.* — L'application des nouveaux programmes est absolument impossible pour ce qui concerne le style. Nous savons toutes que les élèves admises dans nos écoles normales y entrent avec une préparation presque nulle pour cette partie pratique de l'enseignement; dans tous les examens, c'est l'épreuve la plus faible; c'est celle qui compromet le plus le brevet élémentaire; il faudrait au moins dix-huit mois pour amener nos jeunes filles à traiter convenablement le sujet donné aux examens.

2° *Histoire de France.* — Ce n'est pas en une année que l'on peut faire parcourir avec fruit toute l'histoire de France, car la préparation que les aspirantes reçoivent à l'école primaire est des plus insuffisantes. J'ajouterai que notre année se compose non de quatre trimestres, mais de trois, les examens du brevet ayant lieu dans les premiers jours de juillet. Dans ces conditions, ou le cours ne sera pas terminé, ou il sera impossible de faire une récapitulation.

3° *Géographie.* — Le programme donne, en deuxième année, l'enseignement de la géographie des parties du monde, excepté l'Europe; il serait plus rationnel d'étudier d'abord la géographie des contrées avec lesquelles nous sommes le plus immédiatement en relation, c'est-à-dire celle des contrées de l'Europe.

En première année, une heure de leçon de géographie n'est pas suffisante; il faudrait au moins deux heures par semaine dans le premier semestre et une heure dans le deuxième.

4° *Psychologie et morale.* — Il serait à désirer que pour la première année les notions de psychologie fussent données dans le cours de pédagogie, et que le cours de morale commençât, pour cette même année, dès le deuxième semestre.

5° *Littérature.* — Histoire littéraire en troisième année seulement; ce n'est pas suffisant: il faut la commencer dès la première année, ou ne donner aux élèves que des leçons sommaires, consistant en biographies; cela n'est pas suffisant.

Notre histoire littéraire mérite qu'on la traite avec plus d'égards.

III.

École annexe. — Situation à faire à la directrice. — 1° Le travail fourni journellement par la directrice de l'école d'application et par celle de l'école maternelle met ces deux fonctionnaires dans l'impossibilité absolue de préparer l'examen du certificat d'aptitude au professorat. Il vaudrait mieux choisir ces directrices parmi les membres de l'enseignement les plus expérimentés du département, et n'exiger d'eux que le brevet supérieur et le certificat d'aptitude pédagogique.

2° Le rôle des élèves-maîtresses à l'école annexe et à la salle d'asile peut rester absolument tel que le règlement le prescrit.

L'école maternelle est absolument nécessaire à la formation de nos jeunes institutrices. C'est là surtout, on pourrait même dire là seulement, qu'elles apprendront à connaître l'enfant, à l'aimer et à le diriger.

Un cours d'enseignement primaire supérieur nous a paru non-seulement inutile, mais peut-être nuisible.

En effet, ce cours, qui serait un avantage pour la localité, aurait l'immense inconvénient de fournir à nos écoles normales des élèves de la ville; nous savons par expérience que ces jeunes filles sont, en général, de bien mauvaises recrues, et qu'elles ne peuvent être comparées à celles qui nous viennent des campagnes, où les enfants sont habitués, dès leurs premières années, au travail et aux privations.

IV.

Il est nécessaire que l'école normale soit ouverte à toutes les institutrices qui veulent compléter leurs études et se tenir au courant des nouvelles méthodes.

Par des conférences organisées le jeudi, par des devoirs écrits, les institutrices de nos campagnes pourraient maintenir leur instruction au niveau de celle des institutrices des villes. La préparation des aspirantes aux écoles normales y gagnerait, et l'application des nouveaux programmes deviendrait plus facile qu'elle ne l'est en ce moment. Il est regrettable que le dévouement des directrices et des professeurs de nos écoles normales soit si peu compris dans certains départements et que le nombre des auditrices des cours soit si restreint, deux ou trois au plus pour le Jura.

V.

VŒUX.

1° Que les traitements des fonctionnaires des écoles normales d'instituteurs et d'institutrices soient les mêmes ainsi que ceux des directeurs et directrices.

2° Création d'une commission unique par académie pour les examens du brevet (élémentaire et supérieur).

3° Représentation des professeurs d'écoles normales au Conseil supérieur.

4° Promotions au choix et à l'ancienneté de cinq ans en cinq ans.

5° Que le nombre des maîtresses surveillantes soit calculé sur le nombre des dortoirs.

6° Que les examens du brevet élémentaire n'aient lieu, pour la première année, que dix-huit mois après l'entrée à l'école.

7° Augmentation de l'indemnité accordée aux maîtresses externes : qu'elle soit portée de 500 à 800 francs au moins.

8° Que le cours d'histoire littéraire commence dès la première année.

9° Modification de l'enseignement géographique pour la première année : deux heures par semaine au lieu d'une.

10° Que des cours réguliers soient établis le jeudi dans les écoles normales afin de permettre aux instituteurs et aux institutrices de se tenir au courant des modifications apportées aux méthodes d'enseignement. Que par des devoirs mensuels les fonctionnaires trop éloignés correspondent avec le directeur, la directrice de l'école normale. Ces devoirs, lus avec soin, seront renvoyés à leurs auteurs avec les observations auxquelles ils auront donné lieu.

11° N'exiger de la directrice de l'école annexe et de celle de l'école maternelle que le brevet supérieur et le certificat pédagogique.

12° Que ces deux fontionnaires reçoivent des appointements supérieurs à ceux de leurs sous-directrices.

La Directrice de l'École,

FRADIN.

ACADÉMIE DE CAEN.

DÉPARTEMENT DE L'ORNE.

ÉCOLE NORMALE D'INSTITUTRICES D'ARGENTAN.

I.

La situation de l'école normale d'Argentan étant la même que l'année dernière, nous ne pouvons apprécier les résultats de la nouvelle organisation des écoles normales.

II.

Les principales difficultés que présente l'application des nouveaux programmes, sur les matières désignées, résultent, pour nos élèves, de leur langage peu correct, de l'absence presque générale de toute lecture en dehors de celle des livres de classe, et par suite de l'embarras qu'elles éprouvent à exprimer leurs pensées de vive voix et par écrit.

Recommander aux maîtres de cultiver davantage, sous ce rapport, les candidats aux écoles normales.

Le programme de géographie, *en première année*, nous semble difficilement applicable avec une heure de cours par semaine. Il nous paraîtrait avantageux de prendre pour l'étude de la géographie, en première année seulement, une partie des quatre heures consacrées au dessin.

III.

La direction des différentes classes composant l'école annexe pourrait être confiée à une maîtresse adjointe titulaire dont le traitement serait supérieur à celui des professeurs de même classe.

Les élèves-maîtresses s'y exerceraient alternativement à l'enseignement pratique dans les conditions prescrites par l'article 2 de l'arrêté du 29 juillet 1881.

Cette école comprendrait trois classes:

1° Une école maternelle; 2° une école enfantine; 3° une école primaire.

Les avantages qu'offrirait la création à l'école annexe d'un cours primaire supérieur peuvent être compensés par le profit que retirent les élèves de troisième année des leçons qu'elles donnent devant tout le personnel de l'école normale.

IV.

Il serait bon d'instituer à l'école des cours sur les nouvelles matières obligatoires de l'enseignement primaire. L'école normale serait ainsi, plus encore que par le passé, un centre où les maîtres viendraient compléter leurs connaissances et mettre leur enseignement à la hauteur des nouveaux programmes.

V.

Nous émettons le vœu:

1° Que toutes les maîtresses adjointes titulaires jouissent désormais du même titre et du même traitement que les professeurs;

2° Que des cours soient établis à Paris pendant les vacances dans l'intérêt du personnel enseignant des écoles normales;

3° Que les commissions d'examen pour les brevets soient composées de membres appartenant à l'enseignement primaire, et que, dans aucun cas, des professeurs ne puissent interroger leurs élèves ni juger leurs compositions.

La Directrice de l'École,

PICHON.

DÉPARTEMENT DE LA SEINE-INFÉRIEURE.

ÉCOLE NORMALE D'INSTITUTRICES DE ROUEN.

I.

En ce qui concerne la situation faite au personnel enseignant,

La reunion croit :

Que la nouvelle organisation des écoles normales donnera les meilleurs résultats; elle n'a pu en juger, attendu que le personnel de l'école n'a pas été complet cette année,

Mais considérant qu'il importe, en assurant l'éducation professionnelle des élèves-maîtresses, de laisser cependant aux maîtresses le temps nécessaire pour la préparation des cours et les études personnelles,

Elle émet le vœu:

1° Que des surveillantes sérieuses et expérimentées soient nommées dans les écoles normales;

2° Que le personnel enseignant soit toujours au complet;

3° Que les maîtresses adjointes ayant deux ans au moins d'exercice soient titulaires;

4° Que les maîtresses puissent monter de classe, munies ou non du certificat d'aptitude.

En ce qui concerne la discipline :

La réunion approuve les sorties fréquentes.

En ce qui concerne l'institution de l'économat :

La réuion approuve la création de l'économat.

Mais considérant que l'économe peut ne pas avoir à sa disposition la somme exigée pour le cautionnement, et que l'inégalité des intérêts (quand ce fonctionnaire emprunte l'argent) lui occasionne une perte sensible,

Elle émet le vœu :

Que le cautionnement des économes soit supprimé ou au moins diminué.

En ce qui concerne l'admission à l'école normale :

La réunion approuve le nouveau mode d'admision.

II.

En ce qui concerne les nouveaux programmes,

La réunion approuve l'introduction de la psychologie, de la littérature et de l'enseignement moral à l'école normale.

Mais elle estime :

1° Que tous les programmes sont trop étendus, vu l'insuffisance de la préparation des élèves admises à l'école et le peu de temps que la multiplicité des cours laisse pour le travail personnel;

2° Que la partie littéraire de l'enseignement ne tient pas une place suffisante dans la répartition des heures de classe.

En ce qui concerne les moyens pratiques qui peuvent assurer la réforme :

Elle émet le vœu que des examens trimestriels soient faits par une commission spéciale, choisie soit parmi les professeurs de l'école normale d'instituteurs, soit parmi les meilleurs instituteurs du département; ces examens auront pour sanction le renvoi de l'élève ayant subi deux échecs successifs.

III.

En ce qui concerne la situation à faire à la directrice de l'école annexe,

La réunion émet le vœu que la directrice ait une situation au moins égale à celle des directrices des écoles communales de nos grandes villes.

En ce qui concerne l'extention de l'école annexe,

La réunion demande la création d'un cours supérieur préparatoire à l'école normale.

IV.

En ce qui concerne les services que l'école normale peut rendre au personnel de l'enseignement primaire :

Considérant que l'école normale doit être le centre pédagogique du département,

La reunion émet le vœu :

1° Qu'un comité de correction y soit constitué pour faciliter aux institutrices la préparation du brevet supérieur et du certificat d'aptitude pédagogique;

2° Qu'une bibliothèque complète et un musée pédagogique y soient mis à la disposition des institutrices;

3° Que des conférences départementales y soient organisées.

V.

Outre les vœux précédents,

La réunion propose :

1° Qu'il y ait égalité entre les traitements des directeurs et des directrices, des maîtres adjoints et des maîtresses adjointes, les services rendus étant les mêmes au point de vue de l'instruction et de la dicipline, et supérieurs au point de vue de l'éducation;

2° Que, malgré la présence de surveillantes à l'école, les maîtresses adjointes et l'économe soient nourries dans l'établissement.

La Directrice de l'École,

Rey.

ACADÉMIE DE CHAMBÉRY.

DÉPARTEMENT DE LA HAUTE-SAVOIE.

ÉCOLE NORMALE D'INSTITUTRICES DE RUMILLY.

I.

Résolutions: 1° Considérant que la correction des devoirs exige un temps considérable dans les écoles importantes, le conseil des maîtresses demande que dans toute école normale comptant 70 élèves, les maitresses adjointes internes soient dispensées de la surveillance, tout en conservant les avantages accordés en échange de ce service (nourriture, prestations en nature).

2° Considérant que les fonctions d'économe, par leur nature spéciale, ne permettent pas aux maîtresses qui en sont chargées de se livrer régulièrement à un travail suivi en dehors du service de l'économat, le conseil émet le vœu que les matières d'enseignement attribuées aux économes soient, si elles en font la demande, de celles qui n'exigent pas de préparation.

3° Considérant qu'il est juste de rémunérer tous les fonctionnaires des écoles normales en raison des services qu'ils rendent, le conseil émet le vœu d'élever de 800 francs à 1000 francs le traitement des surveillantes spéciales, lesquelles étant en communication directe avec les élèves-maîtresses, prennent une part active à leur éducation.

II.

Résolutions. — La répartition des matières d'enseignement et l'emploi du temps sont bien réglés. Les difficultés que présente l'application des nouveaux programmes tiennent à l'insuffisance de préparation chez certaines élèves dont l'instruction aurait pu être mieux dirigée.

Toutefois le conseil des maîtresses estime :

1° Que le temps accordé en deuxième année pour la physique, l'économie domestique et l'hygiène n'est pas suffisant et qu'il y a lieu de consacrer une heure par semaine pendant les deux semestres à l'étude de ces deux matières;

2° Que l'enseignement du piano ou de l'orgue ne doit être donné qu'aux élèves-maîtresses qui avant leur rentrée à l'école avaient déjà acquis la pratique de ces instruments ;

3° Que les leçons de gymnastique doivent être données par un professeur spécial et non par les maîtresses adjointes, lesquelles ne sont pas aptes pour la plupart à donner un enseignement qu'elles-mêmes n'ont pas reçu.

III.

1re Résolution. — Considérant : 1° que la directrice de l'école annexe doit avoir non seulement des connaissances pédagogiques approfondies, mais encore la pratique des méthodes qu'elle est appelée à faire expérimenter aux élèves-maîtresses;

2° Que sa responsabilité est plus grande que celle de ses collègues, car les mérites ou les imperfections de son enseignement réagissent directement sur l'instruction primaire de tout un département;

3° Que les règlements lui assignent plus d'heures de classe qu'aux autres fonctionnaires de l'école, et cela sans qu'aucun avantage ne compense le surcroît de travail ;

Le conseil émet le vœu que la direction de l'école annexe soit confiée à une maîtresse ayant exercé au moins cinq ans dans une école publique, et que, de plus, son traitement soit supérieur à celui des autres professeurs de l'établissement.

2e Résolution. — Considérant qu'en assistant seulement aux

exercices de l'école annexe, les élèves de première année ont un rôle trop passif à la leçon;

Que d'ailleurs la plupart d'entre elles ont servi d'aides aux institutrices qui les ont préparées pour l'examen d'admission à l'école normale;

Que de plus le meilleur moyen à employer pour les préparer à leurs fonctions est de les mettre en rapport avec l'enfant dès que celui-ci reçoit l'éducation en commun, afin qu'elles suivent le développement progressif de ses facultés,

Le conseil émet le vœu d'exercer à l'enseignement pratique des écoles maternelles les élèves de première année dès le deuxième trimestre de l'année scolaire.

Considérant que les élèves en quittant l'école normale, doivent être aptes à donner l'instruction primaire à tous les degrés,

Le conseil propose d'établir dans l'école annexe un cours supérieur où les élèves de troisième année, après avoir été associées l'année précédente à la direction d'une classe composée d'enfants de sept à treize ans, donneront des leçons sur chacune des matières exigées à l'examen du brevet supérieur.

IV.

Considérant que l'isolement intellectuel où se trouvent le plus grand nombre d'institutrices leur fait perdre le goût de l'étude;

Que leur fournir les moyens d'échanger leurs idées, de fortifier et d'augmenter les connaissances qu'elles ont acquises, c'est prévenir chez elles l'engourdissement de l'esprit et le dégoût de leur profession qui en est la première conséquence,

Le conseil des maîtresses demande qu'il soit établi dans chaque école normale une bibliothèque roulante à l'usage des institutrices du département.

V.

Résolutions. — Considérant que la situation faite aux maîtresses adjointes déléguées à titre provisoire leur est essentiellement défavorable; qu'il est logique d'assimiler ces fonctionnaires aux maîtresses adjointes titulaires, ayant le bénéfice du classement et, par suite, droit à l'avancement selon la durée et le mérite de leurs services;

Considérant que le terme de maîtresse adjointe n'est nullement en rapport avec la nouvelle organisation des écoles normales;

Considérant que le nouveau diplôme de professeur est une véritable agrégation primaire qui comporte un titre spécial et un traitement supplémentaire,

Le conseil émet les vœux suivants:

1° Que les titres de déléguée et de maîtresse adjointe soient supprimés et remplacés par celui de chargée de cours, impliquant pour toutes le classement et le droit d'avancement;

2° Que le titre officiel de professeur reste attribué exclusivement à ceux qui auront subi avec succès les épreuves de l'examen institué par le décret du 5 juin 1880.

La Directrice de l'École,

BAUDRY.

ACADÉMIE DE CLERMONT.

DÉPARTEMENT DU PUY-DE-DÔME.

ÉCOLE NORMALE D'INSTITUTRICES DE CLERMONT.

I.

Situation faite au personnel enseignant. — La nouvelle organisation des écoles normales a notablement amélioré la situation faite au personnel des écoles d'institutrices en augmentant les traitements et en permettant aux maîtresses adjointes de résider hors de l'école avec l'autorisation du recteur. Cette dernière modification a ceci d'avantageux que les maîtresses adjointes ne sont plus obligées de renoncer complètement à la vie de famille, et d'abandonner leur carrière si elles viennent à se marier. Mais elle présente certains inconvénients : si plusieurs maîtresses adjointes résident au dehors, la directrice de l'école annexe et l'économe étant déchargées de toute surveillance, tout le poids de la surveillance retombe sur une seule ou sur deux maîtresses internes, qui se trouvent alors surchargées de travail.

Institution de l'économat. — L'institution de l'économat présente de nombreux avantages : elle allège la tâche de la directrice, lui permet d'assister plus fréquemment aux leçons des professeurs, de donner aux études une direction uniforme et méthodique et de s'occuper de la surveillance de l'établissement d'une manière beaucoup plus efficace.

Mais le cautionnement exigé par la loi nous paraît beaucoup trop élevé. C'est là un sérieux obstacle pour le recrutement des économes. Plusieurs personnes très capables de remplir ces importantes fonctions sont obligées d'y renoncer faute de pouvoir fournir la somme nécessaire. Cette somme, d'après l'article 1er du décret du 30 septembre 1881, est de 5 p. o/o de l'ensemble des recettes de la dernière année et ne peut être inférieure à 5,000 francs. Mais un cautionnement de 5,000 francs supposerait un budget de 100,000 francs, et nous croyons pouvoir dire que les écoles dont le budget est aussi élevé sont extrêmement peu nombreuses.

Surveillants spéciaux. — La surveillance ayant toujours été faite par les maîtresses adjointes internes, nous n'avons pas eu occasion d'apprécier les avantages ou les inconvénients que peut présenter l'institution des surveillants spéciaux.

Obligations des élèves-maîtresses. — Les élèves-maîtresses, du moins dans le département du Puy-de-Dôme, arrivent à l'école normale avec une préparation tellement insuffisante qu'il est impossible de les amener toutes en un an à subir avec succès l'examen du brevet simple.

II.

Enseignement littéraire. — Vu l'étendue du programme, il est impossible d'enseigner en un an toute l'histoire littéraire. L'étude des auteurs du XVIIe siècle demande à elle seule un temps considérable. Il serait, à notre avis, préférable de consacrer deux années à cet enseignement, d'étudier en deuxième année les origines de notre littérature jusqu'au XVIe siècle inclusivement et de réserver seulement pour la troisième année le XVIIe, le XVIIIe et le XIXe siècle, ce qui formerait un programme bien assez étendu.

Enseignement de la psychologie et de la morale. — Lorsque les élèves de première année arrivent à l'école normale, elles ont, en général (au moins dans le département du Puy-de-Dôme), l'esprit lent, l'intelligence peu ouverte; leur préparation est absolument insuffisante; elles n'ont pour la plupart aucune notion d'histoire et de géographie. Étant obligées de se présenter au bout d'un an à l'examen du brevet simple, il serait préférable qu'elles n'eussent à étudier que les matières exigées à l'examen. Il est d'ailleurs extrêmement difficile de mettre l'enseignement de la psychologie à la portée de leur intelligence. Nous croirions préférable de commencer seulement en deuxième année l'étude de la psychologie et d'enseigner en un an la psychologie et la morale théorique. D'ailleurs ces deux programmes réunis ne formeraient pas un ensemble plus étendu que le programme du cours de troisième année, qui comprend la morale pratique et l'instruction civique.

Enseignement de l'histoire. — Trois mois sont insuffisants pour étudier notre histoire depuis l'origine jusqu'à Henri IV. D'autre part, un trimestre entier suffit et au delà pour étudier Henri IV, Louis XIII, Louis XIV, Louis XV et Louis XVI. Il y aurait avantage à reporter une partie du programme du premier trimestre sur le second.

Enseignement de la géographie. — Nulle objection à présenter contre le programme de l'enseignement géographique pour la première année. Il nous semblerait préférable de placer en deuxième et troisième année l'étude de l'Europe avant celle des différentes parties du monde, et d'étudier l'histoire des découvertes géographiques en même temps que la géographie physique des contrées où ces découvertes ont été faites.

Enseignement de l'arithmétique. — Nous croirions utile d'ajouter au programme des cours de deuxième et troisième année les éléments d'algèbre tels qu'ils sont demandés dans les écoles normales d'instituteurs : les racines cubiques des nombres entiers et décimaux, les progressions. Quant à la partie du programme ainsi formulée : Notions très élémentaires de géométrie plane, elle ne nous semble pas fournir aux professeurs une idée assez claire de l'étendue qu'ils doivent donner à leur enseignement.

Enseignement de l'histoire naturelle. — Nous croyons qu'en première et en deuxième année il serait préférable de placer l'étude de la géologie avant celle de la botanique. L'étude de la géologie aurait lieu ainsi pendant l'hiver, et celle de la botanique commencerait au printemps, c'est-à-dire à l'époque la plus favorable pour les herborisations. Dans le cours de deuxième année, nous pensons qu'il vaudrait mieux placer l'anatomie et la physiologie de l'homme avant la division des animaux et embranchements.

III.

Situation à faire à la directrice. — La directrice devra être choisie parmi les maîtresses adjointes de l'école normale. Elle jouira du logement, de la nourriture et des prestations en nature, sans être astreinte à aucune surveillance à l'école normale. Elle pourra, de même que les autres maîtresses adjointes, résider au dehors avec l'autorisation du recteur.

Rôle des élèves-maîtresses. — Le rôle des élèves-maîtresses nous paraît suffisamment indiqué par l'article 2 de l'arrêté du 3 août 1881, seulement les élèves-maîtresses de première année pourraient, tout en assistant aux exercices, être chargées d'une partie de la surveillance, notamment pendant les récréations.

Extension de l'école annexe, écoles maternelles. — Une école maternelle devra, le plus promptement possible, être annexée à toute école normale. Il serait préférable que la directrice de l'école maternelle fût, de même que celle de l'école primaire annexe, choisie parmi les maîtresses adjointes de l'école normale ; mais ces dernières n'étant pas, en général, pourvues du certificat d'aptitude à la direction des écoles maternelles, on pourrait la choisir parmi les directrices de la ville ou du département pourvues du brevet supérieur, ou tout au moins, et seulement par mesure provisoire, du brevet élémentaire.

La situation de cette maîtresse dans l'école normale serait absolument la même que celle de la directrice de l'école annexe.

Il serait à désirer que, dans toute école normale pourvue d'une école maternelle annexe, les élèves-maîtresses fussent tenues de se présenter, dès qu'elles auraient obtenu leur brevet simple, à l'examen pour le certificat d'aptitude à la direction des écoles maternelles.

Dans les écoles normales non encore pourvues de cette école, les élèves-maîtresses pourront également se présenter à l'examen, en se préparant, pour la partie pratique, dans quelques-unes des écoles maternelles de la ville désignées par l'inspecteur d'académie.

Ces jeunes filles, qui, en sortant de l'école normale seraient pourvues du brevet supérieur, pourraient plus tard fournir des directrices d'école maternelle annexe.

IV.

Les institutrices congréganistes peuvent, lorsqu'elles se heurtent à quelque difficulté pédagogique ou administrative, trouver un appui et des renseignements auprès des supérieures de leurs communautés.

Mais les institutrices laïques, isolées dans leur commune, sont parfois dans un grand embarras et ne savent où s'adresser.

Il serait à désirer qu'elles pussent trouver à l'école normale d'institutrices un appui moral, une source de renseignements administratifs.

Il serait excellent, en outre, que chaque école normale possédât un petit musée pédagogique que les institutrices pourraient visiter lorsqu'elles viendraient à la ville, et où elles trouveraient des livres, des cartes, des échantillons d'appareils scolaires nouveaux.

Au besoin, trois ou quatre fois par an, dans des conférences familières, des causeries sans prétention, la directrice de l'école normale pourrait développer telle ou telle partie du nouveau programme, expliquer l'usage de tel ou tel appareil scolaire.

Peut-être les institutrices se soucieraient-elles peu d'abord de ces modestes réunions, dans les départements où l'école normale serait de fondation récente. Mais il est probable qu'au bout de quelques années, les anciennes élèves de l'école normale, devenues à leur tour institutrices, seraient très heureuses de revenir de temps à autre dans la maison où elles auraient achevé leurs études, et de retrouver au besoin l'appui, l'affection et les conseils de leur ancienne directrice.

V.

VŒUX ET PROPOSITIONS DES MEMBRES DU CONGRÈS.

La directrice et les maîtresses adjointes de l'école normale d'institutrices de Clermont, réunies pour l'étude des questions soumises au Congrès pédagogique, émettent les vœux suivants :

1° Qu'une surveillante spéciale soit attachée à toute école normale d'institutrices qui ne compte *qu'une* ou *deux* maîtresses adjointes internes chargées de la surveillance ;

2° Que le chiffre minimum du cautionnement exigé des économes dans les écoles normales soit abaissé à 2,500 francs ;

3° Que, pendant trois ans et par mesure transitoire, la présentation aux examens du brevet simple soit facultative pour les élèves-maîtresses de première année, et obligatoire seulement pour celles de deuxième année ;

4° Que l'enseignement de l'histoire littéraire commence en deuxième année, et comprenne, pour la deuxième année, cette partie du programme : « Origines, chansons de gestes, trouvères et troubadours, fabliaux, chroniques. La Renaissance au XVIe siècle. Malherbe, Descartes, Corneille, Pascal ; »

5° Que le cours d'instruction morale et civique ne commence qu'en deuxième année, et comprenne, pour la deuxième année, *les notions de psychologie et la morale théorique ;*

6° Que le programme d'enseignement de l'histoire de France soit modifié ainsi qu'il suit : 1er trimestre, depuis les origines jusqu'aux guerres d'Italie ; 2e trimestre, depuis les guerres d'Italie jusqu'à la convocation des états généraux de 1789 ;

7° Que l'étude de la géographie de l'Europe précède celle de la géographie des différentes parties du monde, et ait lieu, par conséquent, en deuxième année ;

8° Que l'*histoire sommaire des découvertes géographiques* soit enseignée en même temps que la géographie physique des contrées où ces découvertes ont été faites ;

9° Qu'au programme de l'enseignement de l'arithmétique pour

la deuxième et la troisième année soit ajoutés : les éléments d'algèbre tels qu'ils sont demandés dans les écoles normales d'instituteurs, les racines cubiques des nombres entiers et des nombres décimaux, et les progressions ;

10° Que cette partie du programme : « *Notions très élémentaires de géométrie plane*, » soit développée de manière que le professeur puisse avoir une idée exacte de l'étendue qu'il doit donner à son enseignement;

11° Que, dans le programme de l'enseignement de l'histoire naturelle pour le cours de deuxième année, la *division des animaux en embranchements* soit placée après l'*anatomie* et la physiologie de l'homme ;

12° Que, dans le cours de deuxième et de troisième année, l'étude de la géologie précède celle de la botanique;

13° Que la directrice de l'école annexe jouisse du logement, de la nourriture et des prestations en nature, sans être astreinte à aucune surveillance ; qu'elle puisse, si elle le désire, résider hors de l'école normale avec l'autorisation du recteur;

14° Que les élèves-maîtresses de première année, tout en assistant aux exercices, soient chargées d'une partie de la surveillance, notamment pendant les récréations;

15° Qu'une école maternelle soit, le plus promptement possible, annexée à toute école normale;

16° Que la directrice de l'école maternelle annexe jouisse absolument des mêmes avantages que la directrice de l'école primaire annexe.

La Directrice de l'École,

MURIQUE.

DÉPARTEMENT DE L'ALLIER.

ÉCOLE NORMALE D'INSTITUTRICES DE MOULINS.

I.

Organisation des écoles normales. — La réunion approuve la création d'un personnel de professeurs d'écoles normales et la séparation des deux ordres d'enseignement, scientifique et littéraire.

Elle juge :

1° Que les traitements assurés aux professeurs et maitresses adjointes des écoles normales d'institutrices sont suffisants, et qu'il n'y a pas lieu de les élever quant à présent ;

2° Qu'il est préférable à tous égards, pour la bonne éducation des élèves-maîtresses, que le personnel enseignant continue à être chargé de la surveillance intérieure et que l'introduction de surveillantes spéciales ne doit être qu'exceptionnelle ;

3° Que le chiffre élevé du cautionnement éloigne des fonctions d'économe beaucoup de personnes capables de les bien remplir, et demande que le chiffre soit abaissé.

II.

La réunion approuve l'institution des cours de *psychologie*, de *morale* et de *littérature*.

Elle demande :

Que l'on consacre, en première année au moins, deux leçons par semaine à la *géographie ;*

Une heure par semaine, en troisième année, à la *chimie ;*

Que l'on donne plus de temps à l'étude du piano ou que l'on raye cette partie du programme, puisque le temps que les élèves peuvent consacrer à ce travail est insuffisant pour qu'elles puissent faire des progrès.

III.

École annexe. — Considérant l'importance de l'école annexe pour l'éducation pédagogique des élèves-maîtresses, la réunion demande :

1° Que la direction n'en soit confiée qu'à des personnes ayant fait preuve de capacités réelles dans l'enseignement primaire, et pourvues du titre de professeur.

2° Que la directrice de l'école annexe reçoive, en outre de son traitement de professeur, un supplément de 500 francs;

3° Que les élèves-maîtresses soient appelées souvent à participer à l'enseignement et à la direction de l'école annexe.

IV.

La réunion approuve la mesure prise dans quelques départements d'instituer à l'école normale un comité de correction pour faciliter aux instituteurs et institutrices la préparation au brevet supérieur et au certificat d'aptitude pédagogique. Elle demande que cette institution soit généralisée.

Elle émet de plus le vœu que des conférences pédagogiques, destinées aux instituteurs et institutrices du département, soient organisées à l'école normale.

V.

VŒUX DES MEMBRES DU CONGRÈS.

La réunion demande :

1° Que le cautionnement exigé des économes soit abaissé à 1,500 francs;

2° Que les déléguées à titre provisoire reçoivent une nomination définitive, et que toutes les maîtresses non pourvues du certificat d'aptitude aux fonctions de professeur prennent le titre de *chargées de cours;*

3° Que les professeurs auxiliaires externes soient supprimés partout où leur maintien n'est pas indispensable.

La Directrice de l'École,

DESPORTES.

DÉPARTEMENT DU CANTAL.

ÉCOLE NORMALE D'INSTITUTRICES D'AURILLAC.

I.

1° *Personnel enseignant.* — Le personnel enseignant des écoles normales d'institutrices est un peu surchargé par les surveillances. L'établissement de surveillantes spéciales permettrait aux professeurs de s'adonner sérieusement à la préparation de leurs leçons et à leur travail personnel ; il assurerait en même temps la bonne tenue de l'école.

2° *De l'économat* — L'économat est difficilement accepté, il n'est jamais recherché; cela tient à l'élévation du cautionnement.

II.

1° *Cours de psychologie.* — Les élèves de première année ont rarement une préparation suffisante et sont un peu jeunes pour comprendre la psychologie; cet obstacle ralentit la marche du cours de psychologie.

2° *Enseignement littéraire.* — Les éleves des trois années ont été trouvées aptes à comprendre l'enseignement littéraire.

3° *Sciences.* — La chimie doit être enseignée par une personne habituée aux manipulations. Quelques maîtresses chargées de cet enseignement dans les écoles normales d'institutrices souffrent pour elles et pour leurs élèves de leur inexpérience.

4° *Répartition des matières.* — A. Les commissions d'examen pour le brevet élémentaire interrogent les aspirantes aussi bien sur la tenue de l'école que sur les principes généraux de la pédagogie, pourtant les questions sur *l'école* ne figurent que dans le programme de la deuxième année. Il y aurait donc lieu (surtout si l'on tient compte de la difficulté mentionnée pour la psychologie) de modifier ainsi le programme pour les deux premières années :

1re année : Deux leçons de pédagogie par semaine;
1er semestre : Principes généraux de la pédagogie;
2e semestre : L'école;
2e année : 1er semestre : Psychologie;
2e semestre : Morale théorique ;
3e année : Conformément au programme.

B. Le programme d'histoire littéraire est trop chargé pour être vu en un an par les élèves de troisième année; d'autre part, un an peut suffire pour l'étude de la grammaire historique. Aussi les élèves pourraient-elles commencer l'histoire littéraire dès la deuxième année, et n'apprendre la grammaire historique qu'en troisième année. — On pourrait faire entrer dans le programme une étude succincte de la littérature ancienne.

C. Le besoin se fait sentir de consacrer, dans les trois années, deux eures par semaine à l'enseignement de la géographie.

D. Le programme d'études, sans être trop chargé en lui-même, l'est excessivement pour être vu avec soin dans l'espace de trois ans; les élèves n'ont pas assez de temps pour leur travail personnel, pour la lecture, pour les récapitulations et pour l'étude de la musique.

E. Le moyen d'empêcher les élèves-maîtresses de ne recevoir qu'une culture superficielle serait de les autoriser à passer une quatrième année à l'école normale. Cette mesure, tout à fait transitoire, serait prise seulement dans les départements où le niveau des études n'a pas encore atteint un certain degré.

III.

1° *Situation à faire à la directrice de l'école annexe.* — A. La tâche de la directrice de l'école annexe étant aussi difficile qu'importante, il conviendrait de ne la confier qu'à des maîtresses expérimentées qui auraient été chargées de classe pendant quatre ou cinq ans au moins, et qui se seraient exercées avec succès à l'application des meilleures méthodes.

B. Mais il serait bon d'offrir aux directrices d'école annexe un supplément de traitement qui assurât pour ce poste un personnel choisi.

2° *Rôle des élèves-maîtresses.* — A. Les élèves-maîtresses ont un rôle actif à l'école annexe : elles instruisent les enfants, préparent les leçons, corrigent les devoirs sous le contrôle et d'après les avis de la directrice de l'école annexe et selon les méthodes qui leur sont enseignées au cours de pédagogie. De plus, elles assistent aux leçons données par la directrice de l'école annexe et elles surveillent la tenue des élèves en classe et pendant les récréations.

B. Il est utile que les élèves-maîtresses se livrent exclusivement aux exercices pratiques pendant le temps fixé par les règlements. Mais, afin qu'elles perdent le moins possible les leçons faites à l'école normale, le mieux est de ne les retenir que trois jours de suite par mois à l'école annexe.

3° *Extension de l'école annexe.* — A. Nous ne voyons que des avantages à la création d'une école maternelle dans l'école normale, à condition que les élèves-maîtresses n'aient jamais que trente jours d'enseignement pratique par an.

B. Le besoin d'un cours primaire supérieur dans l'école annexe se fait sentir dans les villes où il n'y a pas de bonnes écoles communales de filles ou d'école primaire supérieure. Cette division préparerait les candidats au concours d'admission à l'école normale.

C. Dans le cas où l'on étendrait l'école annexe dans ce sens, une adjointe deviendrait nécessaire à la directrice.

IV.

Services que l'école normale peut rendre dans le département. — A. L'école doit offrir aux anciennes élèves-maîtresses un bienveillant accueil, les moyens de continuer leur instruction, et tous les conseils nécessaires. La directrice, en particulier, doit s'intéresser à leur avenir et ne pas les perdre de vue, afin de leur être utile au besoin.

B. Les anciennes élèves-maîtresses et celles des institutrices du département qui desireraient se joindre à elles pourraient être appelées (environ quatre fois par an, le jeudi) à l'école normale pour y rendre compte familièrement de leur travail personnel. Ces réunions se feraient avec l'agrément de l'inspecteur d'académie, et n'auraient en rien le caractère des conférences pédagogiques. Elles seraient littéraires et scientifiques, les institutrices y apprendraient surtout à cultiver leur esprit et à poursuivre leur éducation dans un but désintéressé.

Des indications leur seraient données sur les lectures qu'elles pourraient faire dans les livres des bibliothèques cantonales et pédagogiques.

C. Dans chaque réunion, on fournirait aux institutrices l'occasion d'entendre une conférence sur un sujet de sciences ou de lettres; cette conférence serait faite par un membre distingué de l'enseignement secondaire.

D. Un sujet à traiter serait également proposé aux institutrices, à l'issue de ces réunions, et les copies, corrigées par le personnel enseignant de l'école, seraient renvoyées à leurs auteurs respectifs.

E. On assurerait le succès de ces réunions en recevant dans l'école même les institutrices du département

F. Pour initier à la connaissances des nouvelles branches du programme (musique, dessin, gymnastique) celles des institutrices qui ne seraient pas préparées à donner cet enseignement dans leurs écoles, des cours spéciaux pourraient être faits dans l'école normale, à l'époque des vacances, par des professeurs délégués à cet effet.

V.

Relativement aux quatre questions précédentes, voici quelques-unes des modifications désirées :

1° — A. L'établissement de maîtresses surveillantes chargées de quelques heures seulement de cours par semaine.

B. La réduction du cautionnement à $\frac{5}{100}$ du budget de l'école normale.

2° — A. L'admission pendant un ou deux ans d'un professeur du dehors pour l'enseignement de la chimie, si la maîtresse chargée des sciences le demande.

B. Les modifications indiquées plus haut pour ce qui concerne la répartition des matières du programme (pédagogie, histoire littéraire, grammaire historique, géographie).

C. La possibilité, pendant quelques années, dans les départements où le besoin s'en fait sentir, de fixer à quatre ans le séjour des élèves-maîtresses dans l'école normale.

3° — A. Choix plus sérieux et traitement plus élevé des directrices d'école annexe.

B. Établissement à l'école annexe d'une division primaire supérieure; et, dans ce cas, nomination d'une adjointe chargée de ce cours.

4° Institution de réunions littéraires et scientifiques à l'école normale, en faveur des anciennes élèves.

La Directrice de l'École,
EMMA MATHIEU.

ACADÉMIE DE DIJON.

DÉPARTEMENT DE LA CÔTE-D'OR.

ÉCOLE NORMALE D'INSTITUTRICES DE DIJON.

I.

1° Les maîtresses adjointes en exercice depuis trois ans au 5 juin 1880 auront le titre et le traitement de professeur. Toutefois, pour la direction des écoles normales, elles ne seront pas dispensées du certificat d'aptitude au professorat.

2° Le montant du cautionnement à fournir par les économes des écoles normales sera fixé d'après le même taux que celui des économes des lycées; il ne sera, en aucun cas, inférieur à 2,000 francs.

Dans le cas où ce vœu ne pourrait être accueilli, le comité demande qu'une gratification puisse être accordée, pour bonne gestion, aux économes des écoles normales.

3° Il sera tenu compte des services rendus dans l'enseignement public pour le passage de la troisième à la deuxième classe de maîtresse adjointe.

La promotion à une classe supérieure serait de droit après une période de cinq années.

II.

1° Le programme de littérature française sera suffisamment développé pour indiquer aux commissions d'examen les limites dans lesquelles elles doivent se renfermer. La liste triennale des auteurs à expliquer sera fixée trois ans avant le premier examen qui portera sur ces auteurs.

2° Les deux programmes de première année concernant la psychologie et la pédagogie seront fondus en un seul et feront l'objet d'un seul cours.

3° Le temps consacré à l'étude de la géographie en première année paraissant insuffisant, le professeur pourra, lorsqu'il le jugera nécessaire, remplacer une leçon d'histoire par une leçon de géographie.

4° En troisième année, il sera donné deux heures par semaine, au lieu d'une heure, à l'enseignement de la physique.

5° L'épreuve *dite* de dessin d'imitation, pour l'obtention du brevet supérieur, consistera de préférence dans le dessin à vue d'un objet usuel.

III.

L'école annexe comprendra une école maternelle, une classe primaire élémentaire et un cours d'enseignement primaire supérieur.

L'école maternelle sera organisée conformément au décret du 2 août 1881.

L'école primaire élémentaire présentera le type de l'organisation d'une école à un seul maître; elle aura un maximum de cinquante élèves réparties en trois divisions.

Les élèves de première et de deuxième année seraient chargées du service de l'enseignement dans les écoles annexes pendant une semaine, mais pour une séance seulement.

Les élèves de troisième année seraient exercées à la direction une fois par semaine pendant une séance de trois heures. Toutes les élèves de troisième année assisteraient à cette séance, et en feraient ensuite la critique.

Des prix pourront être accordés aux élèves-maîtresses qui se seront fait remarquer par leur aptitude et leur zèle dans le service de l'école annexe.

Le cours primaire supérieur sera aussi complet que le permettront les conditions du recrutement du personnel des élèves; il sera confié à une maîtresse spéciale placée sous l'autorité de la directrice de l'école annexe.

Les élèves de troisième année seules seront appelées à s'exercer à l'enseignement dans le cours primaire supérieur. Si l'importance du cours l'exige, les professeurs de l'école normale pourront être chargés, moyennant rétribution, des parties les plus élevées de l'enseignement.

IV.

Le personnel des écoles normales pourrait seconder les institutrices pour la préparation, soit au certificat d'aptitude pédagogique, soit au certificat d'aptitude au professorat dans les écoles normales.

Des conférences pourraient être faites aux institutrices pendant la première semaine des vacances.

V.

1° Les examens d'admission porteront sur toutes les parties du programme des écoles primaires (article 1er de la loi sur l'obligation).

2° L'article 17 du décret du 29 juillet 1881 sera maintenu, au moins en ce qui concerne l'âge des candidats à l'école normale.

3° En vue d'élever le niveau de l'examen du brevet élémentaire, et par suite le niveau de l'enseignement dans les écoles primaires, les élèves-maîtresses ne pourront se présenter à cet examen qu'à la fin de la deuxième année d'études.

Toutefois, pour conserver l'effet des dispositions de l'article 24 du décret du 29 juillet 1881, les élèves-maîtresses de première année qui, à la suite de l'examen de passage, auront été reconnues incapables de suivre avec fruit les cours de deuxième année, pourront être rendue à leurs familles, sur l'avis du conseil des professeurs.

4° Pour obtenir plus d'uniformité dans les examens du brevet supérieur, et afin d'établir entre les écoles normales des relations utiles au progrès des études, il ne sera institué, par académie, qu'une seule commission d'examen.

Les épreuves écrites se feront au chef-lieu de chaque département; elles seront jugées par la commission siégeant au chef-lieu académique, et c'est devant cette même commission que seront appelés les candidats admis à subir les épreuves orales.

5° Dans le cas où aucune des maîtresses d'une école normale ne serait disposée à accepter l'économat, ce service sera confié de préférence à une maîtresse adjointe en retraite.

6° Les examens du certificat d'aptitude au professorat auront lieu dans la deuxième quinzaine de septembre.

7° Le comité s'associe à l'école de Douai, qui a exprimé le vœu suivant :

« Solliciter des compagnies de chemins de fer le parcours à prix réduit sur le réseau entier pour tous les membres de l'enseignement primaire. Cette réduction ne serait plus limitée à des époques déterminées et à des cas spéciaux. »

La Directrice de l'École,

MORET.

DÉPARTEMENT DE L'AUBE.

ÉCOLE NORMALE D'INSTITUTRICES DE TROYES.

I.

1° La directrice del'école annexe étant déchargée du service de surveillance à l'école normale, par l'article 6 du décret du 29 juillet 1881, l'économe l'étant nécessairementaussi à cause de la multiplicité de ses occupations, le service de surveillance se trouve ainsi rendu plus lourd pour les trois maîtresses qui en restent chargées. De plus, si l'une d'elles obtenait l'autorisation d'habiter en dehors de l'école, la surveillance du réfectoire et des récréations qui suivent immédiatement les repas devrait encore être faite par ses collègues internes.

2° Le nouveau régime disciplinaire n'a apporté aucune modification à ce qui se faisait précédemment dans l'école. Les sorties avaient été autorisées déjà; la discipline intérieure a toujours été fort douce, et néanmoins les élèves n'ont jamais abusé de la part d'indépendance qui leur a été laissée. Nous n'avons donc pu observer les effets qu'aurait produit un changement de régime; toutefois nous remarquons que les élèves de deuxième et surtout celles de troisième année ont le sentiment de la responsabilité personnelle à un plus haut degré que les élèves de première année. Cela ne tiendrait-il pas à ce que le régime disciplinaire de l'école a eu sur leur caractère une influence qu'il n'a pu encore exercer sur celui des élèves de première année?

3° L'institution de l'économat est appelée à donner d'excellents résultats. Cependant le manque d'instructions précises sur la part de responsabilité qui revient à l'économe, notamment en ce qui

concerne la surveillance des gens de service, l'achat des denrées, des fournitures classiques, les réparations et l'entretien du mobilier, pourrait être une cause de conflit entre l'économe et la directrice.

II.

1° Les nouveaux programmes sont plus chargés que ne l'étaient les anciens; peut être seraient-ils cependant facilement applicables si la préparation des aspirantes était suffisante, mais pendant longtemps encore, sans doute, il n'en sera pas ainsi. Les écoles normales devront continuer à recevoir des élèves ayant une certaine somme de connaissances élémentaires, mais dont l'intelligence n'aura pas été développée, et qui, à la fin de la première année d'école normale seront incapables d'obtenir le brevet élémentaire.

Toutefois, parmi ces élèves, quelques-unes auraient certainement pour l'année suivante plus de chances de succès que celles qui viendraient les remplacer.

Nous proposerions que le conseil des professeurs pût décider que ces élèves seront admises à concourir de nouveau pour l'admission à l'école et à *redoubler* par conséquent *les cours de première année.*

2° Le programme de pédagogie en première année n'est que l'application à l'éducation de l'enfance des principes exposés dans le cours de psychologie et dans celui de morale. Mais il est impossible, en suivant exactement les programmes, de conduire ces cours de telle sorte que la théorie précède toujours l'application.

Nous proposerions de fondre ces deux cours en un seul de psychologie et de morale appliquées à la pédagogie et d'y consacrer le temps accordé pour les deux cours.

3° Il paraît difficile de donner aux élèves de première année une connaissance suffisante de la géographie de la France en y consacrant une heure seulement par semaine.

Nous proposerions d'y consacrer une heure et demie, en réduisant à trois heures et demie par semaine le temps consacré à l'enseignement de l'histoire.

4° Le temps consacré à la zoologie dans le programme ne paraît pas en rapport avec l'importance de cette branche de l'histoire naturelle; d'autre part, comme dans tous les cours du programme des sciences on doit toujours avoir en vue les applications pratiques, le cours d'hygiène n'a guère pour but que de coordonner d'une façon méthodique des connaissances déjà acquises.

Nous proposerions de donner à la zoologie une heure et demie par semaine et de réduire à une demi-heure le temps consacré à l'hygiène.

III.

1° D'après l'article 2 de l'arrêté du 3 août 1881, les élèves-maîtresses de première année doivent être simples spectatrices des exercices de l'école annexe. Ce rôle purement passif n'est pas de nature à leur inspirer le goût de l'enseignement. La plupart d'entre elles d'ailleurs ont été employées comme monitrices dans l'école primaire qu'elles fréquentaient et sont parfaitement capables de donner quelques leçons aux plus jeunes élèves. Il nous paraît bon de leur confier la division enfantine sous la surveillance de la directrice de l'école annexe et celle de l'élève-maîtresse de première ou de deuxième année.

2° L'installation d'une école maternelle annexée à l'école normale nous paraît devoir rendre de grands services pour l'éducation pédagogique des élèves-maîtresses. Nous n'attachons pas la même importance à la création d'un cours complémentaire, car il est toujours plus facile à une jeune institutrice de donner des leçons à des élèves de douze à treize ans qu'à de tout jeunes enfants. D'ailleurs il y aurait à craindre que ce cours ne fût considéré par les familles comme un cours préparatoire à l'école normale, et ne devînt alors une source de difficultés. Cependant, en élevant le niveau de l'instruction des élèves de l'école annexe, il augmenterait la faveur dont cette école, si elle est bien dirigée, doit jouir auprès des familles et contribuerait ainsi à en assurer le recrutement. Nous estimons donc qu'il y aurait lieu de laisser à l'administration de chaque département le soin de décider ce qu'il y aurait à faire à ce sujet suivant les circonstances.

IV.

L'école normale ne peut rendre de services au personnel enseignant qu'en continuant à exercer une influence morale sur les anciennes élèves-maîtresses. Pour que cette influence se maintienne, il est nécessaire que la directrice reste aussi longtemps que possible dans le même département; de plus, que pendant quelques années les anciennes élèves soient invitées à venir passer plusieurs jours à l'école pour y recevoir des conseils et des directions pédagogiques.

Afin que ces conseils fussent plus sûrement suivis, il ne serait pas inutile que l'on sût que la directrice sera consultée par l'administration académique toutes les fois qu'il s'agira de nommer à un nouveau poste une ancienne élève-maîtresse.

V.

1° Considérant que les élèves-maîtresses ne reçoivent des leçons de pédagogie pratique qu'en deuxième année, et qu'elles sont obligées par les règlements de se présenter à l'examen du brevet élémentaire à la fin de la première année, nous demandons que les commissions d'examen n'adressent de questions de pédagogie pratique aux élèves des écoles normales qu'à l'examen du brevet supérieur.

2° Considérant que le personnel des écoles normales d'institutrices est astreint à subir les mêmes examens et à faire le même travail que le personnel des écoles normales d'instituteurs, nous émettons le vœu que les traitements du personnel des écoles normales d'institutrices soient rendus égaux à ceux du personnel enseignant des écoles normales d'instituteurs.

La Directrice de l'École,

VEYRON-LACROIX.

DÉPARTEMENT DE L'YONNE.

ÉCOLE NORMALE D'INSTITUTRICES D'AUXERRE.

I.

1° Les professeurs et maîtresses adjointes seront déchargées de la surveillance et garderont néanmoins les avantages qui y sont attachés. Les prestations en nature pourront être, sur la demande des intéressées, remplacées par une allocation en espèces.

2° L'institution de l'économat a été bien accueillie; elle a permis à la directrice de donner plus de soin à la partie intellectuelle. Toutefois l'économat ne devrait être confié qu'à la personne la plus âgée de l'école; de plus, la maîtresse chargée de l'économat ne devrait avoir à faire que des cours secondaires.

3° Il sera attaché à toute école normale deux, tout au moins une surveillante spéciale, suivant le nombre des élèves.

II.

L'application des nouveaux programmes est trop récente pour qu'on puisse juger des résultats qu'ils donneront. Toutefois les principales difficultés sont relatives à l'enseignement de la psychologie en première année. Les élèves ne sont nullement préparées à cet enseignement.

Les moyens pratiques pour assurer le succès de la réforme seraient: la création d'écoles primaires supérieures, d'un cours complémentaire à l'école annexe, de primes aux institutrices dont les élèves seraient admises à l'école normale.

III.

La directrice de l'école annexe demande à jouir d'une certaine indépendance; elle estime que l'application du nouveau règlement, l'obligation pour les élèves-maîtresses d'assister aux leçons données en dehors des heures de service, nuisent à la préparation professionnelle.

La direction de l'école normale demande que pour la troisième question il en soit référé à la circulaire ministérielle du 9 novembre 1881; que les dispositions de cette circulaire soient appliquées immédiatement, afin de créer à l'école annexe un cours primaire supérieur.

La création d'une école maternelle est d'une nécessité évidente et formera le complément à la préparation pédagogique des élèves-maîtresses. Nous demandons que l'Administration mette le département en mesure de nous fournir les moyens matériels de nous annexer une école maternelle.

IV.

Les services que peut rendre l'école normale au personnel enseignant en activité dans le département sont ceux que rend le personnel de notre école en proposant des sujets aux candidats au brevet supérieur et au certificat d'aptitude et en corrigeant ces mêmes copies.

On pourrait y ajouter des réunions pédagogiques faites tous les ans à l'école normale.

V.

Les vœux émis sont les suivants:

1° Le niveau du brevet élémentaire sera élevé.

2° Les années passées à l'école normale seront comptées parmi les années de stage exigées pour être titulaire.

3° Les directrices d'école normale pourront être, sur leur

demande, et moyennant rétribution, admises à la table des maîtresses.

4° Les compagnies de chemin de fer accorderont le transport à prix réduit à tous les membres de l'enseignement primaire sans qu'il soit besoin d'énumérer les motifs du déplacement.

5° Les distinctions honorifiques donneront lieu à une allocation supplémentaire soumise à la retenue.

6° Par les soins du ministère une enquête sera faite sur le local défectueux de certaines écoles normales, et les départements seront mis en demeure d'y remédier, afin d'assurer, dans ces écoles, l'installation de services dont la nécessité est urgente.

La Directrice de l'École,

SAFFROY.

ACADÉMIE DE DOUAI.

DÉPARTEMENT DE L'AISNE.

ÉCOLE NORMALE D'INSTITUTRICES DE LAON.

I.

1° Le cautionnement exigé des économes peut éloigner de ce poste des fonctionnaires ayant des aptitudes véritables et pouvant rendre de réels services. L'économat étant sous le contrôle de la direction et les directeurs n'ayant jamais été astreints au cautionnement :

Vœu. — Supprimer le cautionnement.

2° Il est dit dans la loi, article 13 : « L'économe doit habiter l'établissement; il n'y est pas nourri. » Cette mesure n'est pas applicable dans les écoles d'institutrices; l'économe devrait alors y avoir un appartement particulier.

Vœu. — L'économe doit avoir sa place à la table commune en échange de quelques services intérieurs.

3° Tout le personnel enseignant est intéressé à l'œuvre éducatrice de l'école normale; pourquoi alors décharger les maîtres adjoints de la surveillance des études et des récréations, des récréations surtout, moment où les enfants, se sentant libres, se laissent pénétrer davantage ?

Vœu. — Charger les professeurs et maîtres adjoints, en plus des travaux manuels et des promenades, de la surveillance d'une partie des études et des récréations. Fixer à 800 francs le traitement des surveillants et les charger de quelques cours. Ils gagneront d'autant dans l'esprit des élèves-maîtres et auront plus d'autorité.

4° L'égalité des traitements sur toute l'étendue du territoire français crée des inégalités dans la position des fonctionnaires. Les vivres sont beaucoup plus chers dans le Nord que dans le Centre et le Midi.

Vœu. — Tenir compte de la cherté des vivres dans certains départements et accorder, sur la proposition des autorités académiques, une indemnité de résidence.

II.

5° Augmenter d'une heure par semaine, en première et en troisième année, le temps consacré à l'enseignement de la géographie. Prendre, s'il le faut, ce temps sur l'enseignement de l'histoire.

6° Augmenter d'une demi-heure par semaine, en deuxième année, le temps consacré à la physique, en prolongeant le programme jusqu'à l'optique; d'une heure en troisième année, prenant cette heure sur l'arithmétique, enseignée régulièrement depuis deux ans.

Augmenter d'une demi-heure en troisième année le temps consacré à la chimie, prenant cette demi-heure sur l'histoire naturelle enseignée dans les trois années.

Diminuer d'une heure par semaine en deuxième année le temps consacré au cours d'arithmétique, et augmenter d'une demi-heure les cours de physique et d'histoire naturelle.

7° Les membres de l'enseignement secondaire (professeurs de collèges, etc.) font partie des commissions d'examens et sont exposés à interroger leurs élèves (des pensionnats où ils donnent des leçons, des cours d'enseignement secondaire, ou élèves particuliers).

Vœu. — Admettre dans la commission du brevet la directrice ou une des maîtresses adjointes de l'école normale.

III.

8° Exiger des directeurs ou directrices d'école annexe le certificat pédagogique; leur donner le traitement d'un professeur de troisième classe, quoiqu'ils n'en aient pas le titre. Tout maître adjoint non chargé de surveillance n'a pas droit à la table commune; y admettre la directrice de l'école annexe.

9° Supprimer le rôle neutre de l'élève de première année à l'école annexe. Chaque élève-maîtresse sera chargée d'un des trois cours de l'école, et les trois cours suivront l'impulsion donnée par la directrice.

10° Les élèves entrant à l'école normale avec le brevet élémentaire suivront les cours de deuxième année et devront obtenir le brevet supérieur au bout de deux ans. La troisième année sera spécialement consacrée aux études pédagogiques, à l'école annexe; ce serait une année de préparation au certificat pédagogique qu'elles devraient obtenir en quittant l'école.

11° Les élèves de première année doivent subir l'examen du brevet élémentaire au bout de la première année, qu'elles aient ou non l'âge requis.

12° Pas d'école maternelle, mais cours préparatoire dans lequel s'exerceraient les élèves de première année.

13° Le temps passé à l'école normale doit compter dans les dix années d'engagement.

IV.

14° Cours faits à l'école normale le jeudi, pour les institutrices se préparant au brevet supérieur, par la directrice ou les professeurs et maîtresses adjointes.

15° Pour faciliter les conférences, voyages pédagogiques, il serait bon que les voyages à prix réduit fussent autorisés sur tout le parcours pour les membres de l'enseignement primaire et non limités à certaines époques et à certains cas.

V.

Vœu. — Solliciter des compagnies de chemins de fer la concession de cartes uniques et personnelles, valables un an; cartes délivrées aux membres de l'enseignement primaire et aux élèves des écoles normales, sous le contrôle des autorités académiques.

16° Que les membres de l'enseignement aient droit à la connaissance de leur dossier et des notes qui leur sont données chaque année.

La Directrice de l'École,

HERVÉ.

DÉPARTEMENT DES ARDENNES.

ÉCOLE NORMALE D'INSTITUTRICES DE MÉZIÈRES.

I.

La situation exceptionnelle de la directrice et des maîtresses adjointes de l'école normale de Mézières les dispense d'émettre un avis en ce qui concerne la situation faite au personnel enseignant et la question « économat ».

La nouvelle organisation pour le régime disciplinaire est appréciée avantageusement : le rétablissement des sorties avec des garanties sérieuses, l'institution des promenades pédagogiques si goûtées et si favorables à l'instruction, accordent plus de latitude aux élèves-maîtresses sans rien enlever à leur activité personnelle et au sentiment de dignité qui se trouve naturellement chez les jeunes filles.

La création d'une surveillante spéciale, qui pourrait avoir son utilité dans un établissement de soixante à quatre-vingts élèves, n'a pas raison d'être dans une école moins nombreuse. Dans le cas où fonctionnerait cette surveillance spéciale, notre avis est que les autres maîtresses doivent s'intéresser à une surveillance qui doit être aussi attentive, aussi maternelle que possible, afin de mieux connaître, de diriger plus sûrement les normaliennes.

II.

Les fonctionnaires expriment les vœux suivants :

Avoir des programmes de langue bien précis avec des développements appropriés à la force des élèves, de façon que les professeurs et les examinateurs, souvent membres de l'enseignement secondaire, ne soient pas tentés de franchir les bornes de l'enseignement primaire.

Reporter en seconde année l'enseignement de la psychologie, qui dépasse en général la portée des normaliennes de première année.

Modifier, pour ces mêmes normaliennes, le cours d'histoire naturelle: d'abord étude de la géologie, puis étude de la botanique, à peu près au printemps, afin d'avoir des plantes à la disposition.

Supprimer le lavis dans le dessin géométrique.

Chacun des membres exprime le vœu de disposer de plus de temps pour l'enseignement du cours dont il est chargé, et tous croient que les moyens pratiques pour assurer le succès des réformes sont dans un meilleur recrutement des élèves.

La préparation actuelle est insuffisante : à l'école primaire on n'a pas encore abordé sérieusement et graduellement l'étude des chefs-d'œuvre de la littérature. Cependant c'est l'explication et l'étude littérale d'abord, puis l'analyse littéraire de ces chefs-d'œuvre qui, faites dans la division élémentaire et continuées sans interruption jusqu'à la sortie des classes, formeront le goût de l'enfant, lui donneront la véritable intelligence de la langue et le prépareront à ces délicates études psychologiques morales et littéraires qui font partie des nouveaux programmes.

En vue d'un meilleur recrutement, nous proposons d'élever à dix-huit ans l'âge d'admission au brevet.

La répartition des matières de l'enseignement donne lieu à peu d'observations :

Les examens pour le brevet simple placés à la fin de la première année permettent de reporter en seconde et troisième année l'étude complète des matières du programme, et cela sans qu'une préparation surchargée et trop rapide nuise à la solidité de cette étude.

La directrice et les maîtresses adjointes voudraient voir toutes leurs élèves obtenir le brevet supérieur; mais l'expérience leur a appris qu'il y a pour cette obtention de réelles difficultés : il se glisse ou il se trouve toujours à l'école des intelligences médiocres ou des élèves dans lesquelles les forces physiques font défaut. Dans de telles conditions, elles ne peuvent être préparées avec succès au brevet supérieur; afin de ne pas entraver la marche de l'enseignement par leurs aptitudes insuffisantes, ne pourraient-elles pas être autorisées à quitter l'école à la fin de la seconde année.

III.

Il n'est pas possible de préparer des instituteurs et des institutrices sans école annexe, où les élèves-maîtres, les élèves-maîtresses s'initient aux procédés d'enseignement et d'éducation, et mettent en pratique les leçons de pédagogie et de méthodologie qu'ils ont reçues.

Les écoles annexes ont donc une importance telle que leur organisation doit être l'objetde toute la sollicitude de l'Administration et des préoccupations des directeurs et directrices d'école normale.

L'école annexe doit être une école modèle, dirigée d'après l'organisation adoptée dans le département. La directrice de cette école, dans les écoles normales de filles surtout, doit remplir deux conditions essentielles : être une institutrice remarquable par son instruction; être, par son aptitude spéciale, en mesure de diriger les élèves-maîtresses dans le concours qu'elles apportent à l'école annexe.

Pour arriver à des résultats efficaces, il est donc indispensable que le choix de la directrice de l'école annexe soit fait avec soin, mais il faut aussi que cette directrice soit en parfaite harmonie d'idées sous tous les rapports avec la directrice de l'école normale. Sans cet accord désirable, le bien n'est pas possible; il ne faut point qu'il soit détruit par des froissements d'amour-propre déplacé, non plus que par des tendances à intervertir le rôle de chacun.

Convient-il de donner de l'extension aux écoles annexes? Nous ne le croyons pas. Il ne faut pas oublier que les élèves-maîtresses ont à étudier les moyens à employer pour bien diriger plus tard leurs écoles. Leur confier au début, et même en troisième année, un enseignement trop étendu à donner à un nombreux personnel scolaire, c'est tendre à un résultat négatif, en ce sens qu'il est trop difficile à l'inhabileté inévitable des élèves-maîtresses de porter leur attention sur tous les détails d'une direction trop chargée. Il nous paraît utile de procéder graduellement et avec mesure, pour que l'éducation pédagogique soit efficace et pour que les conseils et les observations de la directrice d'école annexe soient profitables.

Si l'on considère enfin que peu d'élèves-maîtresses débuteront dans des écoles où elles seront chargées de l'enseignement facultatif; que leur propre instruction n'est pas encore assez développée pour les rendre aptes à cet enseignement dans une école annexe; que d'ailleurs cet enseignement ne peut être donné avec fruit que par des maîtresses ayant une certaine expérience, on arrivera à cette conclusion, qu'il n'est pas indispensable d'organiser les écoles annexes avec une division comportant l'enseignement primaire supérieur.

Il en est tout autrement pour l'école maternelle: nous la regardons comme un complément nécessaire à toute école annexe; cette nécessité ressort de ce fait que partout, à la campagne principalement, les écoles de filles ont une division spéciale d'enfants en bas âge. Il faut donc que nos normaliennes appelées à ces écoles soient à même de les diriger.

Le personnel enseignant estime qu'il y a lieu de confier la direction de l'école annexe aux élèves de troisième année, de considérer comme des adjointes les élèves de seconde année et de laisser à leurs études les élèves de première année.

IV.

L'école normale peut rendre des services aux institutrices par des réunions pédagogiques annuelles, ou par une bibliothèque pédagogique départementale.

V.

1° Que les maîtresses continuent à être chargées de la surveillance des normaliennes afin de les mieux connaître, de les mieux diriger.

2° Que les programmes de langue française soient bien précis et comportent des développements en rapport avec l'enseignement primaire.

3° Que l'enseignement de la psychologie ne soit pas donné en première année.

4° Que le cours de botanique commence vers le printemps.

5° Qu'il y ait suppression de l'étude du lavis.

6° Que des mesures soient prises pour obtenir un meilleur recrutement, par exemple, que l'âge d'admission au brevet élémentaire soit élevé à dix-huit ans.

7° Que l'on assure au directeur ou à la directrice de l'école annexe la position des instituteurs de première classe.

8° Que les élèves de troisième année dirigent réellement l'école annexe; que celles de seconde année soient des adjointes.

9° Qu'une école maternelle soit le complément nécessaire de toute école annexe d'institutrices.

La Directrice de l'École,

Sœur Sainte Édith.

DÉPARTEMENT DE LA SOMME.

ÉCOLE NORMALE D'INSTITUTRICES D'AMIENS.

I.

VOEUX ET PROPOSITIONS.

1° Que l'indemnité de chauffage et de blanchissage accordée aux maîtresses adjointes soit déterminée d'une manière fixe par régions.

2° Que le cautionnement des économes soit moins élevé.

3° Que, relativement au payement des subventions destinées à acquitter les traitements du personnel et les dépenses diverses, il soit enjoint à MM. les Trésoriers-payeurs généraux de se conformer simplement à la circulaire du 11 février 1882, et de ne pas exiger au commencement du trimestre un état certifié des dépenses à opérer pendant ledit trimestre, état, dans bien des cas, impossible à dresser à l'avance et nécessairement toujours un peu fictif.

4° Choisir les surveillantes spéciales parmi les personnes d'un certain âge, ayant reçu une forte éducation.

Ne pas faire, par conséquent, de l'absence de diplômes une condition d'exclusion pour ces fonctions.

Entre deux candidates, dont l'une brevetée, avec peu d'éducation, et l'autre non brevetée, avec une éducation soignée, prendre de préférence cette dernière.

Que le traitement de ces surveillantes soit portée de 800 à 1,200 francs.

5° Que les cartes à demi-tarif sur les chemins de fer soient accordées indistinctement à tous les fonctionnaires de l'enseignement primaire, et à des époques non déterminées.

6° Que le traitement des directrices d'école normale soit égal à celui des directeurs.

7° Si une allocation est allouée aux maîtresses adjointes et maîtres adjoints qui ont obtenu le certificat de professeur, qu'une allocation de même nature soit allouée aux directrices et directeurs qui ont obtenu le certificat d'aptitude aux fonctions qu'ils remplissent.

8° Qu'il soit accordé une indemnité de voyage aux maîtres chargés de la surveillance de l'école pendant les vacances, ou que la garde de l'école ne soit obligatoire pour personne.

II.

VŒUX ET PROPOSITIONS.

1° Que, dans les écoles normales d'institutrices, le programme de chimie soit moins chargé ou qu'il y soit consacré plus de temps.

2° Qu'il soit accordé plus de temps à la langue et aux éléments de littérature française en première et en seconde année.

3° Que les commissions d'examen s'astreignent à l'étude des programmes et des circulaires ministérielles portant indication de l'esprit dans lequel ces programmes doivent être appliqués.

4° Qu'en aucun cas les commissions d'examen, tant du brevet simple que du brevet supérieur, ne dépassent, dans leurs interrogations, le programme assigné aux élèves des écoles normales.

5° Qu'aux compositions écrites du brevet supérieur la note *mal* puisse être rachetée par deux *très bien,* comme cela a lieu pour les compositions orales.

6° Vu l'insuffisance de préparation des candidats aux concours d'admission à l'école normale, qu'il soit loisible aux chefs d'établissement de présenter les élèves de première année, soit à la fin de la première année scolaire, soit à la session de mars de l'année suivante.

III.

VŒUX ET PROPOSITIONS.

1° Que la directrice de l'école annexe ne soit pas astreinte à l'obtention du certificat de professeur.

2° Qu'il lui suffise d'avoir le certificat d'aptitude pédagogique.

3° Que la directrice de l'école annexe se recrute de préférence parmi les institutrices expérimentées du département ou de l'académie.

4° Que les élèves de première année, qui n'ont encore reçu aucune notion ayant trait à l'emploi des méthodes et des procédés, ne soient pas astreintes à aller appliquer à l'annexe des principes qu'elles ne connaissent pas encore.

5° Que le nombre de trente jours soit abaissé à cause des lacunes qui résultent pour les études d'absences réitérées des élèves par suite de leur séjour à l'école annexe.

6° Qu'aussitôt après les examens de juillet, les élèves brevetées soient envoyées par groupes dans les principales écoles de la ville pour étudier sur place l'application des méthodes, l'emploi des procédés, etc., afin qu'elles puissent comparer les différentes manières de faire et arriver ainsi à se former des opinions personnelles plus fondées et plus vastes en pédagogie.

7° Que les vacances de l'école annexe soient assimilées à celles de l'école normale.

IV.

Dans les circonstances actuelles, il est difficile de déterminer les services à rendre au personnel enseignant en activité dans le département.

V.

VŒUX ET PROPOSITIONS.

Attendu que le travail des professeurs et élèves des écoles

normales est aussi pénible et aussi ardu que celui des professeurs et élèves des lycées et collèges,

Est émis le vœu suivant :

Que les vacances des écoles normales primaires soient assimilées à celles des lycées et collèges et uniformes pour toute la France.

La Directrice de l'École,

DOISNEL.

ACADÉMIE DE GRENOBLE.

DÉPARTEMENT DE L'ISÈRE.

ÉCOLE NORMALE D'INSTITUTRICES DE GRENOBLE.

I.

Économat. — L'institution de l'économat est une excellente chose; les maîtresses ont été déchargées d'une foule d'écritures et le service de la table a pu être mieux soigné; mais dans l'intérêt de l'ordre de la maison, de l'économie des finances et du bien-être matériel de tout le personnel, il serait désirable que l'économe fût déchargée de tout service autre que celui de l'économat.

Situation du personnel. — Le conseil des professeurs émet le vœu que les maîtres qui avaient au moins quatre ans de service dans les écoles normales au moment de la création du titre de professeur soient pourvus de ce titre et des avantages qu'il confère, sans qu'il leur soit permis de se présenter à l'examen, et que dorénavant nul ne soit nommé dans les écoles normales sans être pourvu du certificat d'aptitude.

II.

Programme. — La principale difficulté que présente l'application des nouveaux programmes est le manque de livres à la portée des élèves pour l'enseignement de la psychologie, de la morale, de l'instruction civique, de l'histoire littéraire et de l'économie domestique.

Les cours de psychologie et de pédagogie seraient plus fructueux pour les élèves si en première année on faisait ce cours à la manière de M. Marion, c'est-à-dire en fondant les deux cours et en donnant à la partie pédagogique le développement qu'elle comporte.

L'enseignement de la géologie serait plus facile s'il était précédé de celui des éléments de physique et de chimie.

Les notions d'algèbre sont supprimées du programme des écoles normales des jeunes filles, et cependant dans le n° 485 du Bulletin administratif on trouve ce sujet de devoir proposé aux personnes qui se préparent au certificat d'aptitude (section des sciences): « Dans quelle mesure le calcul algébrique peut-il être employé pour faciliter la résolution des problèmes d'arithmétique dans les cours supérieurs des écoles primaires? » Y aurait-il une erreur? Ce n'est pas probable, puisque l'enseignement de l'algèbre est au programme des écoles primaires supérieures. Faut-il dorénavant en rétablir les éléments à l'école normale de filles?

Le programme du dessin d'imitation est trop chargé; les élèves de longtemps ne dessineront d'une manière supportable la tête d'après la bosse: le personnel demande que cette partie du programme soit supprimée au profit du dessin à vue d'objets usuels.

Il y aurait alors nécessité de pourvoir les écoles normales de filles d'un matériel convenable.

Le programme du dessin géométrique n'est pas suffisamment expliqué: il serait bon de donner des exemples ou au moins des modèles.

La commission rappelle que la liste des auteurs du XIXe siècle n'est pas encore publiée, ce qui met de la gêne dans l'enseignement; l'année étant déjà très avancée, il serait à désirer que le *statu quo* fût maintenu.

Le programme de musique de troisième année: « Notions sur les principales œuvres des maîtres », est trop vague; il serait bon de le préciser davantage, ainsi que cette autre partie: « Étude élémentaire de l'accompagnement ». L'accompagnement de quoi? Jusqu'ici les maîtres de musique se sont bornés à enseigner l'accompagnement du plain-chant. Ne pourrait-on pas donner une sanction à l'étude de la musique instrumentale, pour obliger les élèves à travailler?

La gymnastique n'a pas été enseignée parce qu'il n'y a point de professeur.

III.

Les fonctions des directrices de l'école annexe étant les moins enviées, parce qu'elles sont les plus pénibles, les plus dépourvues de satisfactions intellectuelles et les moins en vue : pour y retenir les personnes qui ont l'aptitude pédagogique nécessaire, il serait bon de leur faire une situation pécuniaire ou honorifique en rapport avec leur mérite et leurs services.

Le rôle actif des élèves-maîtresses doit être limité, parce qu'elles apprennent autant en voyant faire qu'en faisant elles-mêmes. Dans les villes d'ailleurs l'école annexe serait bien vite dépeuplée quand les familles auraient constaté que la classe est presque toujours faite par des novices; comme aussi l'avenir des enfants serait bien exposé s'il était remis trop longtemps entre les mains des élèves-maîtresses. Un mois de service, tel que l'indique le règlement de juillet, nous semble suffisant. Émettons en outre cette idée, que des mesures soient prises pour que le personnel de l'annexe, élèves et maîtresses, soit composé de telle façon qu'il n'y ait jamais nécessité d'envoyer plus de deux élèves à la fois dans chaque classe.

IV.

Le personnel actuel des écoles normales est tellement chargé aujourd'hui, par la nécessité de mettre son enseignement à la hauteur des programmes ou de se préparer aux examens, qu'il ne peut guère rendre de services suivis au personnel enseignant du département. Sans refuser absolument leur concours à qui que ce soit, les maîtresses de l'école normale désirent, dans l'intérêt de leurs fonctions, se borner à donner, comme autrefois, leurs conseils aux élèves sorties qui les solliciteront.

V.

Le personnel de l'école normale émet le vœu qu'il soit publié d'urgence un programme très détaillé de l'examen d'admission à l'école normale; il exprime de nouveau le désir que l'épreuve de style, envoyée par le Ministère, pour les aspirantes à l'école normale, soit choisie de manière à faire connaître l'aptitude intellectuelle plutôt que la valeur acquise.

Le personnel exprime le souhait que le cours des études soit porté à quatre ans et que le brevet élémentaire soit pris au bout de la deuxième année. Les élèves en un an n'ont pas le temps de mûrir les matières de ce brevet; on les cultive alors en serre chaude, et dans ces conditions elles ne valent guère mieux pour l'enseignement des enfants que toute autre jeune personne qui n'a pas reçu l'ombre d'éducation pédagogique. L'expérience prouve aussi que certaines élèves qui ont obtenu le brevet simple, même au bout de la première année, ne sont pas aptes à concourir pour le brevet de premier ordre; en conséquence, le personnel désire que les élèves pourvues du brevet élémentaire suivent les cours de préparation au brevet supérieur, pour que, dans la mesure de leurs facultés, elles puissent profiter de ces leçons, qui ne peuvent dans aucun cas manquer de développer leur intelligence; mais qu'elles ne soient présentées à cet examen que si elles ont obtenu, dans les revisions semestrielles, et surtout dans les leçons journalières, une moyenne suffisante.

La compositon de français donnée aux aspirants au brevet élémentaire est une question de morale qui appartient au cours de troisième année. Les écoles normales présentant leurs élèves au brevet simple à la fin de la première année, ces élèves ne pourraient traiter ce sujet aussi bien qu'on est en droit de le leur demander. Pour prévenir un résultat fâcheux, le personnel propose qu'un programme détaillé des matières sur lesquelles portera l'examen des divers brevets soit préparé par les soins de l'administration supérieure.

La Directrice de l'École,

GEORGIN.

DÉPARTEMENT DE L'ARDÈCHE.

ÉCOLE NORMALE D'INSTITUTRICES DE PRIVAS.

I.

Situation du personnel. — Nous pensons qu'il est à regretter que le Gouvernement ait cru devoir maintenir entre les traitements du personnel des écoles normales d'institutrices et ceux des fonctionnaires des écoles normales d'instituteurs une inégalité que rien ne justifie.

En effet, les titres exigés de nous sont les mêmes, le nombre des heures de travail, la nature des services rendus sont également identiques, la responsabilité des directrices et des maîtresses d'écoles normales d'institutrices est même d'autant plus grande que l'éducation des jeunes filles demande une sollicitude plus continuelle et plus attentive.

Il me semble donc juste d'étendre au traitement du personnel de nos écoles normales une mesure que la commission d'instruction primaire à la Chambre des députés regarde comme devant être prochainement appliquée à celui des instituteurs et institutrices. Nous nous permettons donc, bien que nous éprouvions une certaine gêne d'avoir à exprimer un désir dans une question qui nous touche de si près, de soumettre à l'appréciation du congrès le vœu suivant :

Assimilation complète, quant au traitement, entre les fonctionnaires des écoles normales d'institutrices et les fonctionnaires des écoles normales d'instituteurs.

Régime disciplinaire. — La discipline est ici toute bienveillante, plutot préventive que répressive, et tend surtout à développer chez les élèves-maîtresses le sentiment de la dignité et de la responsabilité personnelle.

La création des surveillants spéciaux, qui nous paraît pour les écoles normales d'instituteurs une heureuse innovation, est, à notre sens, plus utile encore en ce qui concerne nos écoles normales de jeunes filles. Sans être ni mesquine ni ancienne, la surveillance auprès de nos élèves doit être assidue, et une expérience personnelle nous a permis d'apprécier les services que rendraient dans les écoles normales des surveillantes spéciales.

La disposition actuelle des locaux consacrés à notre installation provisoire a mis les maîtresses chargées de cours dans la nécessité d'accepter une partie de la surveillance. La préparation des leçons et la correction des travaux d'élèves n'eussent pu manquer de souffrir si nos trois années eussent été au complet.

Mais nous avons dû reconnaître combien de qualités demandait un service d'un ordre secondaire il est vrai, et néanmoins d'autant plus important que l'influence de la maîtresse surveillante pourra s'exercer à chaque instant sur les élèves. Il nous semble que, pour des fonctions aussi délicates, on devra faire choix de personnes plus âgées que celles qui ont été jusqu'à présent nommées dans la plupart des écoles.

L'autorité d'une ancienne élève de l'établissement ne sera jamais bien assise tant qu'elle rencontrera parmi les jeunes filles soumises à sa surveillance d'anciennes compagnes d'étude.

Enfin, pour augmenter l'autorité morale de la surveillante, il serait bon de l'associer à l'enseignement pour une part, si petite qu'elle fût.

Faire choix pour les fonctions de surveillante de personnes offrant au point de vue de l'âge de sérieuses garanties et les associer à l'enseignement.

Économat. — La création de l'économat offre le grand avantage de permettre à la directrice de se consacrer plus spécialement à la direction pédagogique et morale de l'école. Une réforme pourtant nous paraît nécessaire. Considérant qu'il serait sage de rendre accessibles les fonctions d'économe à toutes les maîtresses qui auraient pour cet emploi une aptitude particulière;

Que le choix de l'Administration ne se porte pour remplir ces fonctions que sur des personnes d'une honorabilité parfaite; que le contrôle de la directrice constitue d'ailleurs une garantie suffisante,

Nous émettons le vœu suivant :

Suppression du cautionnement exigé des économes.

II.

DIFFICULTÉS QUE PRÉSENTE L'APPLICATION DES NOUVEAUX PROGRAMMES.

Recrutement des écoles normales. — Le peu de temps depuis lequel existe l'école normale de Privas ne nous a pas permis de faire beaucoup d'observations personnelles sur le recrutement des élèves-maîtresses. Les familles semblent très désireuses de voir leurs jeunes filles entrer à l'école, mais le degré d'instruction des aspirantes laisse encore beaucoup à désirer.

Nous pensons qu'il serait bon d'utiliser pour la préparation des élèves-maîtresses le cours supérieur des écoles annexes, dont il sera question plus loin.

Psychologie et morale. — L'étude de la psychologie, que le programme place en première année, présente, en raison de la préparation insuffisante des élèves-maîtresses, de réelles difficultés. Cependant, autant qu'une expérience de six mois nous a permis d'en juger, à la condition que le cours de psychologie reste simple tout en étant précis, le développement intellectuel des élèves a été considérablement facilité par le travail de réflexion qui leur a été demandé.

Toutefois l'examen attentif des programmes nous a fait souhaiter qu'une modification soit introduite dans la division par années de cette étude. Le programme de troisième année nous a paru trop chargé; celui de seconde année l'est assez peu pour qu'on puisse sans difficulté l'augmenter, ce qui permettrait d'établir ainsi la répartition des cours :

Première année : Psychologie.

Deuxième année : Morale théorique et morale pratique.

Troisième année : Instruction civique et revision générale du cours.

Chimie. — La répartition des heures d'enseignement qui est annexée au décret du 3 août 1881, ne donne à l'étude de la chimie, en troisième année, qu'une heure pendant un semestre. Nous pensons qu'il y a lieu d'y consacrer une heure pendant toute l'année, si l'on veut qu'il soit possible de rendre cette étude à la fois plus pratique et plus fructueuse, en multipliant les manipulations auxquelles l'arrêté du 3 août prescrit d'associer les élèves. On pourrait dans le deuxième semestre seulement prendre sur l'enseignement de la couture, par exemple.

Nous proposons donc la répartition suivante :

Troisième année. — Chimie, une heure.

Troisième année. — Couture, deux heures pendant le premier semestre, et une heure pendant le second.

III.

ÉCOLE ANNEXE.

Situation à faire à la directrice de l'école annexe. — La directrice de l'école annexe a une mission délicate à remplir. C'est d'elle que les jeunes élèves-maîtresses reçoivent les conseils et les directions pratiques qui leur seront si utiles au point de vue de la préparation sérieuse à l'accomplissement de leurs devoirs professionnels. Aussi serait-il à souhaiter que la situation qui lui est faite soit telle que toute maîtresse d'école normale, ayant déjà acquis l'expérience des écoles primaires, se trouve heureuse de l'accepter. Nous proposons donc :

Qu'en outre du traitement d'adjointe ou de professeur, il soit alloué une somme de 500 francs à la directrice de l'école annexe.

EXTENSION DE L'ÉCOLE ANNEXE.

1° *École maternelle.* — L'école maternelle nous semble devoir être le complément naturel de l'école annexe. En effet, les élèves-maîtresses y apprendront à s'occuper des petits enfants; elles y trouveront l'occasion de développer les qualités qui leur seront si nécessaires dans l'exercice de leur difficile mission. Un certain nombre d'entre elles seront appelées à enseigner dans des communes qui ne possèdent pas d'école maternelle; l'habitude qu'auront prise nos élèves-maîtresses de s'adresser à de tout jeunes enfants leur rendra leur tâche plus facile.

De plus, il pourrait arriver qu'une école maternelle soit jointe à l'école primaire, et nos élèves trouveront alors à utiliser les connaissances spéciales qu'elles auront acquises à l'école normale.

2° *Cours supérieur.* — Un cours supérieur serait non moins utilement joint à l'école annexe. Il pourrait être spécialement affecté à la préparation des aspirantes à l'école normale. Le niveau intellectuel de nos élèves se trouverait ainsi élevé; de plus, les futures institutrices, dans les leçons à faire à ce cours, rencontreraient un exercice excellent : elles y gagneraient beaucoup au point de vue de la facilité d'expression, de la tenue, de la dignité, dont il importe de leur faire acquérir l'habitude.

Aussi souhaitons-nous de voir adopter par le congrès la résolution suivante :

Établir à l'école annexe : 1° une école maternelle; 2° un cours supérieur qui sera surtout destiné à préparer les aspirantes à l'école normale.

Une instruction de M. le Recteur appelle l'attention des écoles normales qui ne possèdent pas d'école annexe sur les meilleurs moyens d'y suppléer transitoirement.

Nous croyons que la solution la plus pratique est celle que nous avons adoptée ici :

Diriger les conférences des élèves-maîtresses de telle sorte que le sujet en puisse toujours être approprié à l'une des divisions de l'école primaire.

En ce qui concerne l'école maternelle, conduire, s'il se peut, les élèves-maîtresses de deuxième année à la salle d'asile la plus rapprochée et les faire participer aux exercices de l'établissement.

Enfin, donner au cours de pédagogie un caractère aussi pratique que possible.

IV.

Préparation à distance au brevet supérieur et au certificat d'aptitude pédagogique. — Depuis la fondation de l'école normale, nous avons suivi l'exemple qui nous était donné par l'école normale d'instituteurs, dans la préparation à distance des institutrices qui se disposent à subir les épreuves du brevet supérieur et du certificat d'aptitude pédagogique et qui veulent bien traiter régulièrement les sujets de compositions indiqués chaque mois dans le Bulletin de l'instruction primaire; les devoirs corrigés et annotés sont renvoyés à leurs auteurs par les soins de l'inspection académique.

Cette innovation, due à l'initiative de M. Vitalis, inspecteur d'académie, donne des résultats assez satisfaisants pour qu'il y ait lieu, à notre avis, de souhaiter la généralisation de ce mode de préparation.

V.

1er VOEU. — *Situation du personnel.* — Assimilation complète quant au traitement des fonctionnaires des écoles normales d'institutrices et des fonctionnaires des écoles normales d'instituteurs.

2e VOEU. — *Régime disciplinaire.* — Faire choix pour les fonctions de surveillante de personnes offrant au point de vue de l'âge de sérieuses garanties et les associer à l'enseignement.

3e VOEU. — *Économat.* — Suppression du cautionnement exigé des économes.

4e VOEU. — *Psychologie.* — Répartir ainsi le programme de cet enseignement :

Première année : Psychologie.

Deuxième année : Morale théorique et morale pratique.

Troisième année : Instruction civique et revision générale du cours.

Chimie. — Donner à l'étude de cette science une heure par semaine pendant toute la troisième année.

Prendre, s'il y a lieu, une heure pendant le dernier semestre sur l'enseignement de la couture.

5e VOEU. — *Situation à faire à la directrice de l'école annexe.* — Augmenter de 500 francs son traitement de maîtresse adjointe ou de professeur.

6e VOEU. — *Extension de l'école annexe.* — Établir à l'école annexe : 1° une école maternelle ; 2° un cours supérieur qui serait surtout destiné à préparer les aspirantes à l'école normale.

La Directrice de l'École,

RAMBAULT.

DÉPARTEMENT DE LA DRÔME.

ÉCOLE NORMALE D'INSTITUTRICES DE VALENCE.

I.

SITUATION DU PERSONNEL, RÉGIME DISCIPLINAIRE, ÉCONOMAT.

1° *Situation faite au personnel enseignant.* — Le décret du 29 juillet modifie profondément la situation faite au personnel enseignant des écoles normales et lui donne une liberté qu'il n'avait jamais eue. Le personnel ne peut que se montrer très reconnaissant de ce que M. le Ministre a bien voulu faire en sa faveur, pour élever sa position, à l'école, à la hauteur des nouveaux efforts et des nouveaux titres qui lui sont demandés.

Une question se présente cependant : cette grande liberté laissée aux professeurs et maîtres adjoints est-elle bien favorable aux intérêts des élèves ? L'article 14 du décret du 29 juillet déclare que les professeurs et maîtres adjoints sont externes et qu'ils sont déchargés de la surveillance intérieure. Est-ce un bien ? A un point de vue d'intérêt personnel on ne peut que répondre par l'affirmative. Certes, il est préférable pour une maîtresse adjointe de pouvoir habiter chez elle et d'être débarrassée de cette surveillance si fatigante et si assujettissante. Maintenant toutes les femmes possédant les titres nécessaires pourront prétendre au professorat dans les écoles normales, et n'en seront pas exclues pour le motif qu'elles ont un ménage ou une famille. La vie de couvent ne convient pas à tout le monde et l'on ne saurait exiger d'une jeune fille qu'elle fasse vœu de célibat, si elle veut occuper une position à l'école normale. A ce point de vue donc on ne peut que se féliciter du changement introduit dans la position du personnel.

En est-il ainsi au point de vue de l'intérêt des élèves? Par qui remplacera-t-on les professeurs devenues externes et déchargées de toute surveillance? Par d'anciennes élèves pourvues du brevet supérieur? D'abord, dans les écoles de récente création, comme sont le plus grand nombre de celles qui existent, il n'y a pas encore d'élèves dans ce cas. En conséquence, il faudra se résigner à accepter des étrangères : premier danger.

Il y a même plus. Même en prenant pour surveillantes d'anciennes élèves de la maison, on s'exposera à des inconvénients graves. Ces anciennes élèves, désireuses d'arriver à une position indépendante, ne consentiront à remplir ces fonctions subalternes qu'en attendant: donc changement fréquent de surveillantes. Et comment la surveillance sera-t-elle faite? Ces soins tout maternels que l'élève doit recevoir à l'école, sera-t-on en droit de les demander à des jeunes filles inexpérimentées? Et la surveillance morale, la plus importante de toutes, comment s'exercera-t-elle? Ce n'est qu'en vivant de la même vie que son élève que la maîtresse arrive à la connaître, à pouvoir apprécier son caractère. Les renseignements de cet ordre, si précieux et si nécessaires, à qui les demandera-t-on? Forcément on devra se contenter des indications fournies par des personnes que leur âge rend peu capables de comprendre l'importance de certaines actions, insignifiantes en apparence, pour marquer aux élèves les notes qui doivent influer sur tout leur avenir?

Quelle autorité auront ces surveillantes de passage pour faire respecter la discipline? Les élèves les considéreront comme les pions le sont dans les collèges, et de fait elles ne seront que cela. Enfin cette communion constante de pensées, de réflexions qui doit exister entre le bon maître et l'élève, qui fait la joie de l'un et l'orgueil de l'autre, aura complètement disparu de l'école. Une fois leurs cours terminés, les professeurs se retireront chez eux et les élèves passeront entre les mains des surveillantes. Ce sera alors la vie de collège et non celle d'école normale, qui doit être pour tous l'image de la vie de famille, avec ses devoirs, mais aussi avec une part de ses jouissances.

Pour toutes ces raisons qui ne sont qu'indiquées ici, et aussi afin que liberté pleine et entière soit laissée à chacun, la directrice trouverait bon qu'on modifiât ainsi l'article 14 en le combinant avec l'article 15 : Les maîtresses adjointes sont internes et chargées de la surveillance intérieure; néanmoins, sur leur demande motivée, elles pourront être autorisées à habiter chez elles et à être déchargées d'une partie de la surveillance.

Le décret du 30 juillet fixe les traitements des directrices, professeurs et maîtresses adjointes, en augmentant notablement ces traitements; de plus, le traitement des maîtresses adjointes munies d'un des certificats à l'enseignement dans les écoles normales a été élevé de 300 francs. Ces différentes améliorations ont été inspirées par un esprit de justice dont on doit se montrer reconnaissant, car la situation de l'institutrice instruite et dévouée s'améliore chaque jour. Ne serait-ce pas entrer dans les vues de M. le Ministre de l'instruction publique que de demander qu'en raison des garanties exigées de la femme et de l'homme, soit au point de vue de la direction, soit au point de vue du professorat, de l'égalité des charges qui leur incombent, de l'égalité de la responsabilité qu'ils encourent, de l'égalité du travail enfin, l'égalité du traitement soit décrétée? De plus, et comme corollaire de cette proposition, vu que le décret distingue justement les maîtresses et les maîtres adjoints pourvus d'un des certificats à l'enseignement dans les écoles normales, de ceux qui ne possèdent pas encore ces titres, cette distinction ne devrait-elle pas également s'appliquer aux directeurs et directrices pourvus des deux titres exigés par le décret du 5 juin 1880, sans que le traitement actuellement fixé puisse être diminué pour les fonctionnaires en exercice?

2° *Régime disciplinaire.* — Tous les articles concernant le régime disciplinaire paraissent excellents. Désormais le chef de l'Académie seul aura à intervenir dans les questions disciplinaires, en remplacement du Préfet, que les anciens règlements désignaient pour infliger certaines punitions.

3° *Institution de l'économat.*—La directrice ne peut que se féliciter de l'institution de l'économat, qui la décharge de la partie la plus matérielle et la plus absorbante de sa tâche. Grâce à cette heureuse innovation, il lui est permis de s'occuper avec une active sollicitude de l'éducation des élèves au point de vue intellectuel et surtout au point de vue moral.

Reste à examiner si quelques modifications ne pourraient pas être introduites, pour le mieux du service, dans les fonctions d'économe.

L'économe n'est chargée au maximum que de dix heures de cours; elle ne doit pas être nourrie dans l'établissement, mais une somme de 500 francs lui est allouée en sus de son traitement annuel.

Étant donnés les dérangements incessants que procurent à l'économe les visites des fournisseurs et les courses nécessitées par les besoins de son service, il paraîtrait nécessaire que ce fonctionnaire fût déchargé entièrement de toute surveillance. Dans ce cas, il ne percevrait aucune rétribution en dehors de son traitement. Il serait alors assimilé aux autres professeurs, sauf les heures de cours restant fixées à dix, nourri à l'école comme eux, et sur sa demande de prendre ses repas à part, il recevrait, comme les professeurs dans les mêmes conditions, une indemnité de 500 francs.

RÉSUMÉ DES VOEUX RELATIFS À LA PREMIÈRE QUESTION.

1° Suppression des surveillantes étrangères; rendre aux professeurs et maîtresses adjointes la surveillance intérieure en l'adoucissant le plus possible. (Ce vœu est émis par la directrice et non par le personnel tout entier.)

2° Égalité des traitements des fonctionnaires des deux sexes.

3° Différence entre le traitement des directeurs et des directrices non munis de leur certificat à l'enseignement et à la direction des écoles normales, et ceux possédant ces titres.

4° Décharger l'économe de toute surveillance, en supprimant son indemnité de 500 francs, mais lui donner la nourriture comme aux autres professeurs.

II.

DIFFICULTÉS QUE PRÉSENTE L'APPLICATION DES NOUVEAUX PROGRAMMES.

La plus grande difficulté consiste à mettre les élèves-maîtresses en état de passer leur brevet élémentaire à la fin de leur première année. Pour arriver à ce résultat, on est forcé de glisser rapidement sur toutes choses, de ne développer aucun sujet et le plus souvent de surcharger la mémoire des élèves au détriment de leur intelligence.

Dans le but d'obvier à ce grave inconvénient, le personnel de l'école émettrait le vœu que les épreuves du brevet élémentaire ne fussent subies qu'à la fin de la deuxième année. En modifiant quelque peu le programme et en le déchargeant sur certains points, on pourrait alors espérer arriver, non plus à bourrer à la hâte les élèves de connaissances mal comprises, soit parce qu'elles étaient au-dessus de leur portée, soit parce que le temps matériel a manqué pour les approfondir; mais à leur donner des notions précises, raisonnées sur toutes les branches de l'enseignement primaire. Il resterait ainsi une année pour la préparation au brevet supérieur, ce qui serait suffisant, puisque l'enseignement des matières s'y rapportant aurait déjà commencé en deuxième année.

Du reste, combien d'élèves qui ne pourront jamais dépasser le brevet simple. C'est donc sur ce brevet qu'il faut appuyer afin que les élèves n'ayant pu obtenir le brevet supérieur connaissent au moins à fond tout ce qui se rapporte au premier.

Passons maintenant à l'examen des différentes branches d'enseignement et à leur répartition:

En premier lieu se présente l'enseignement de la morale, nouvellement introduit dans nos programmes. Nous nous empressons d'applaudir à cette innovation importante qui ne peut que produire d'excellents résultats, si cet enseignement est bien compris et bien appliqué. Constatons cependant qu'il faut compter avec le milieu dans lequel ont vécu la plupart des élèves-maîtresses avant leur entrée à l'école et avec le degré de culture de leur intelligence. Or, le recrutement des écoles normales de province se fait en grande partie parmi les populations rurales. Dès lors est-il bien rationnel de jeter tout d'abord ces jeunes filles de la campagne au milieu des questions les plus arides et les plus abstraites de la philosophie, et de faire débuter le cours de morale par des notions de psychologie? Habituées jusqu'alors aux vérités concrètes, à ce que leurs sens seuls peuvent concevoir, elles n'en sont que plus dépaysées lorsque, sans transition, elles sont introduites dans le domaine de l'abstraction.

La directrice demanderait donc qu'en première année le cours de morale fût absolument pratique: il comprendrait les différents devoirs de l'homme. Le programme de deuxième année resterait tel qu'il est actuellement. En troisième année seulement, les élèves, familiarisées avec ces notions philosophiques, apprendraient le fonctionnement de toutes ces facultés qu'il leur faudra bientôt mettre en jeu chez leurs élèves, et ici le programme de psychologie trouverait sa place dans son application à l'éducation.

Quelques notions sommaires d'instruction civique ne pourraient qu'être un utile corrolaire au cours de morale.

De cette façon serait surmontée une grande difficulté que présente l'enseignement de la pédagogie.

Cette branche du programme comprend en effet, en première année, les mêmes matières que le cours de psychologie.

Bien que la marche des deux cours soit parallèle, le sujet est traité à des points de vue différents; de là, confusion dans l'esprit des élèves et difficultés pour elles de retenir la leçon. Mais du moment où le cours de morale sera remanié, rien ne s'opposera plus à ce que le cours de pédagogie ne change pas en première année, sauf ce qui concerne la méthode, les différents procédés s'y rapportant, qui pourraient être enlevés. Le programme de deuxième année paraît bien chargé, en supposant que le brevet élémentaire soit reporté à la fin de cette année. On proposerait de ne traiter que l'organisation pédagogique et de renvoyer l'organisation matérielle en troisième année avec la revision augmentée de ce qui aurait été vu dans les deux premiers cours.

Des notions sur la législation scolaire sont d'une importance majeure. Quant à l'histoire de la pédagogie, il resterait peu de temps pour la traiter, et surtout pour analyser les ouvrages des pédagogues célèbres, à moins de consacrer à cette histoire une seconde heure en troisième année.

Étant donné le vœu émis par le personnel de l'école, vœu tendant à fixer l'examen du brevet élémentaire à la fin de la deuxième année, les parties du programme relatives à l'enseignement de l'histoire et de la géographie pourraient subir quelques modifications.

PROPOSITIONS.

Histoire. — Première année. — Histoire de France : des origines à la Révolution.

Deuxième année. — Histoire de France : de la Révolution à nos jours. Histoire ancienne. Histoire du moyen âge.

Troisième année. — Temps modernes, période contemporaine, revision.

Géographie. — Première année. — Éléments de cosmographie; continents et océans; géographie physique des cinq parties du monde; France (géographie physique).

Deuxième année. — France (géographie politique, agricole, etc.); notions sommaires sur la géographie politique des cinq parties du monde.

Troisième année. — Étude particulière des États de l'Europe et des principaux États dans les autres parties du monde. Revision.

De plus, il est utile de consacrer à cette dernière étude deux heures par semaine au lieu d'une dans chacune des trois années.

En ce qui concerne la langue française, il paraît indispensable de fixer à huit heures pour la première année et six heures pour la deuxième année le temps affecté à cet enseignement. Un changement dans la répartition du programme de littérature serait encore nécessaire, vu l'absence complète de connaissances littéraires chez les élèves entrant à l'école normale, et l'importance accordée aujourd'hui à cette branche de l'enseignement dans l'examen du brevet supérieur.

PROPOSITIONS.

Littérature. — Première année. — Le style, ses qualités. — Des figures. — Études des règles de la composition. — Versification.

Deuxième année. — Littérature française, des origines à la fin du XVIe siècle.

Troisième année. — Du XVIIe siècle à nos jours. — Étude particulière des auteurs indiqués sur la liste triennale pour les examens du brevet supérieur.

Physique. — Il serait bon de retrancher du cours de physique de deuxième année la partie relative à l'acoustique. Cette partie serait jointe au programme de troisième année, qui alors pourrait occuper une heure et demie par semaine.

Chimie. — En supposant l'examen du brevet élémentaire remis à la fin de la deuxième année, il conviendrait de ne consacrer une heure à la chimie que pendant le premier semestre de deuxième année et de réduire le cours à l'étude des métalloïdes.

En troisième année, une heure et demie par semaine permettrait de s'occuper des métaux et de la chimie organique.

La nécessité de nombreuses expériences rend le temps donné dans le programme tout à fait insuffisant tant pour la physique que pour la chimie.

Histoire naturelle. — Pendant l'heure consacrée chaque semaine en première année à l'histoire naturelle, les mois d'hiver pourraient être employés à l'étude anatomique et physique de l'homme, et les éléments de botanique renvoyés à l'été (on pourrait se procurer alors des spécimens vivants).

En deuxième année: division des êtres, leurs caractères distinctifs; étude du règne animal. — Description et structure des organes des plantes.

Enfin en troisième année : fonctions des organes des plantes; géologie et revision générale.

Économie domestique. — La partie du cours relative au jardin et à la ferme ne peut être purement théorique; il serait bon de supprimer ces deux parties dans le cours régulier et de s'en occuper pendant les récréations consacrées au travail manuel. La même nécessité de pratique ferait aussi retrancher ce qui est relatif à la cuisson de la viande et des légumes ainsi qu'à la fabrication des confitures, sirops, etc.

Ce qui resterait du programme ainsi diminué suffirait encore largement pour occuper une heure par semaine pendant un semestre.

Pour l'enseignement du dessin, la directrice proposerait de le donner ainsi afin de graduer les difficultés : en première année, dessin d'après l'estampe; deuxième année, d'après la bosse; troisième année, d'après nature.

VŒUX RELATIFS À LA DEUXIÈME QUESTION.

Relativement à la deuxième question proposée, le personnel de l'école normale émet les vœux suivants :

1° Brevet élémentaire retardé jusqu'à la fin de la deuxième année.

2° Étude de la morale pratique en première année.

3° Psychologie et instruction civique en troisième année.

4° Histoire de la pédagogie supprimée en troisième année ou augmentation d'une heure de pédagogie pour cette même année.

5° Histoire et géographie de la France continuées en seconde année et augmentation d'une heure par semaine pour l'étude de la géographie.

6° Augmentation du temps consacré aux sciences physiques en troisième année.

7° Suppression d'une partie du cours d'économie domestique.

8° Modification dans le programme relatif au dessin (demandée par la directrice).

III.

Cette question est une des plus importantes de celles qui nous sont proposées.

En effet jusqu'à présent, ainsi que le dit si bien la circulaire de M. le Ministre de l'instruction publique en date du 9 novembre 1881 : « On avait tant de choses à apprendre aux élèves-maîtres pour en faire des brevetés qu'on négligeait un peu d'en faire par surcroît des maîtres et des éducateurs. »

On s'efforce maintenant de combler cette lacune et de donner à l'école annexe le rang qui lui appartient de droit dans la préparation pratique des élèves-maîtres et maîtresses. Or cette préparation est toute l'institutrice et celle-ci vaudra ce qu'aura valu sa préparation à l'annexe.

C'est là ce qui donne toute son importance à la question.

D'abord qui doit-on choisir comme directrice de l'école annexe? Nous partons de ce principe fondamental, que le même esprit que l'élève trouve à l'école normale, elle doit le retrouver à l'école annexe. Or comme la direction de cette école est un véritable poste d'honneur, il paraît équitable d'en faire profiter les professeurs de l'école normale d'abord, et à leur défaut la meilleure institutrice du département, cet emploi exigeant de celle qui l'occupe les mêmes titres que pour le professorat à l'école normale.

Puisque la directrice de l'annexe est déchargée de toute surveillance, il conviendrait de la considérer comme externe et de lui permettre d'habiter chez elle, d'y prendre ses repas moyennant une indemnité qui pourrait être fixée à 600 francs. Dans le cas où elle habiterait l'école, elle y aurait droit exactement aux mêmes avantages que les autres professeurs.

Passons aux élèves-maîtresses. Celles de deuxième et de troisième année seules fréquenteraient l'annexe, où les élèves de deuxième année rempliraient les fonctions de maîtresses adjointes, tandis que les élèves de troisième année s'y exerceraient comme maîtresses en titre. Le nombre des élèves à envoyer dépend de l'effectif; toutefois il ne pourrait jamais dépasser deux élèves de deuxième dans chaque classe, de manière que trente jours au moins par an soient consacrés par l'élève aux exercices pratiques de l'annexe.

Chacun des groupes désignés devrait rester à l'annexe la moitié de la semaine, c'est-à-dire tantôt trois jours, tantôt deux. En suivant cette méthode, les élèves ne manqueraient pas les cours pendant huit jours consécutifs, pourraient plus aisément se rattraper des leçons manquées et cependant demeureraient à l'annexe le temps nécessaire pour tirer profit de leur présence. En outre chaque élève de troisième année serait tenue de rédiger le compte rendu du temps qu'elle aurait passé à l'examen, en donnant surtout des appréciations sur les leçons qu'elle aurait faites ainsi que sur la manière dont les leçons auraient été comprises par les élèves. Chaque semaine ces comptes rendus seraient lus par l'élève en présence de ses compagnes et du personnel enseignant. La directrice de l'école annexe serait alors chargée de contrôler les appréciations de l'élève en motivant ses propres observations.

L'extension donnée à l'école annexe par l'adjonction d'une école maternelle sera on ne peut plus profitable aux élèves-maîtresses; c'est là vraiment qu'elles pourront saisir dans leur germe toutes ces facultés humaines qu'il leur faudra développer par la suite; c'est là aussi qu'elles apprendront à aimer l'enfant, c'est-à-dire à acquérir la première qualité indispensable à toute institutrice. La salle d'asile étant le vestibule de l'école primaire, il paraît rationnel avant de pénétrer dans cette dernière de connaître tous les éléments qui constituent l'école maternelle.

Quant aux cours primaires supérieurs que l'on pourrait ajouter à l'école annexe, ils paraissent superflus, du moins dans un grand nombre de départements, l'école primaire élementaire suffisant aux besoins du moment.

Ce qui précède se rapporte aux écoles normales assez heureuses pour posséder une école annexe. L'École normale d'institutrices de

Valence ne se trouvant pas dans ces conditions, a été obligée de suppléer le mieux possible à l'absence regrettable de l'école annexe. Voici de quelle manière les élèves-maîtresses remplacent les exercices pratiques de l'école annexe : des conférences sont faites par elles le jeudi et le dimanche, jours où les élèves sont moins occupées et où par conséquent elles peuvent disposer de plus de temps en dehors du travail habituel.

Une heure chaque fois y est employée : la première demi-heure est consacrée à la leçon faite par l'élève-maîtresse et la seconde aux critiques présentées par ses compagnes et rectifiées par la directrice.

Seules les élèves-maîtresses de deuxième année sont admises à prendre part activement à ces exercices, c'est-à-dire à porter la parole, soit pour faire la leçon, soit pour présenter des observations. La leçon est faite aux élèves-maîtresses de première année, représentant pour la circonstance le personnel de l'un des trois cours d'une école primaire; des questions leur sont posées par l'élève-maîtresse professeur.

Les élèves-maîtresses de première année assistent aux critiques de la leçon présentée par les autres élèves de deuxième année, mais sans avoir le droit d'y joindre les leurs, afin de ne pas blesser la susceptibilité de leurs compagnes plus âgées.

Le sujet de la leçon est déterminé par l'élève avec l'approbation préalable de la directrice.

Il porte tantôt sur une question de lettres ou de sciences traitée oralement, tantôt sur la correction d'un devoir ou sur une lecture expliquée. Le choix dépend du plus ou moins d'aptitude de l'élève.

L'élève-maîtresse désigne son sujet au moins deux jours avant le jour fixé pour la séance, afin que la préparation de ce devoir ne contrarie en rien la préparation de ses leçons et devoirs quotidiens. La directrice guide l'élève dans cette préparation, surtout dans les commencements, sans lui enlever rien de son initiative personnelle. Si l'on considère le nombre d'heures employées aux conférences ainsi organisées, on trouvera qu'il est fort restreint; mais en remarquant que la leçon n'est pas seulement faite par une élève, et que par les observations qu'elles sont obligées d'émettre, de motiver dans un langage clair et correct, toutes les élèves assistantes prennent part à cette leçon, il paraît qu'en l'état, il était difficile de trouver un moyen remplissant mieux les conditions voulues.

Si l'école avait les trois années, la deuxième et la troisième prendraient part alternativement à ces conférences; la deuxième année pendant un semestre seulement.

VOEUX RELATIFS À LA TROISIÈME QUESTION.

1° Choisir la directrice de l'école annexe de préférence parmi les professeurs de l'école normale.

2° La rendre externe, avec indemnité de 600 francs.

3° Remplacer les exercices de l'école annexe, pour les écoles normales qui en sont dépourvues, par des conférences faites entre les élèves.

IV.

SERVICES QUE PEUT RENDRE L'ÉCOLE NORMALE AU PERSONNEL ENSEIGNANT DU DÉPARTEMENT.

Cette question est des plus intéressantes à étudier. En effet, l'école normale destinée à former des institutrices pour le département ne doit elle pas être comme une sorte de maison-mère où toute institutrice pourrait venir chercher conseils et appui? En est-il ainsi aujourd'hui? Les élèves, une fois sorties, se dispersent dans les différents postes qui leur sont confiés et désapprennent bientôt le chemin qui mène à l'école. Voudraient-elles y venir quelquefois, le temps leur manque pour cela; celles qui sont proches le pourraient encore, mais la distance arrête les éloignées; de sorte que peu à peu les enseignements de l'école s'effacent et s'oublient.

Pour remédier à cet état de choses qui constitue une rupture presque complète entre l'école et ses enfants, pour permettre aux institutrices en activité dans le département de venir de temps en temps se retremper au sein de leur famille d'adoption, il serait proposé d'instituer tous les ans dans chaque école normale une sorte de retraite pédagogique qui aurait lieu pendant les vacances de Pentecôte. Ces vacances durent ordinairement deux jours; on pourrait pour la circonstance les porter à quatre. Pendant ces quatre jours, les élèves-maîtresses étant dans leurs familles, les anciennes élèves seraient logées à l'école, nourries aux frais du département. Les journées seraient employées à des conférences entre les institutrices, conférences portant sur les principales difficultés qu'elles auraient rencontrées dans leur enseignement, les différentes remarques que leur auraient suggérées le caractère et les aptitudes de leurs élèves. D'autres conférences, faites par la directrice et son personnel, auraient pour but d'indiquer aux institutrices les moyens pratiques de vaincre les différentes difficultés indiquées, de profiter des observations faites en vue d'assurer le bon résultat de l'éducation des enfants qui leur sont confiées. Dans ces sortes de causeries familières qui conserveront un caractère d'intimité, les anciennes élèves, se sentant au milieu de leurs maîtresses et de leurs compagnes, ne craindront pas d'avouer les fautes que le manque d'expérience a pu leur faire commettre et elles reviendront ainsi d'année en année se fortifier dans les principes pédagogiques qui leur ont été inculqués, pendant que se resserreront les liens de respect et d'affection qui les unissaient à leurs maîtresses et à leurs compagnes.

Le personnel de chaque école normale ne pourra que sacrifier avec joie ses vacances de Pentecôte pour arriver à un tel résultat.

Une question se présente ici. Les institutrices étrangères à l'école seraient-elles admises à participer à cette retraite? De deux choses l'une : ou cette retraite a un caractère privé, et alors les anciennes élèves seules doivent y être admises; ou elle devient un véritable congrès départemental, et dans cette hypothèse toutes les institutrices du département y sont appelées. Des obstacles matériels s'opposeraient à ce que la seconde combinaison fût adoptée: aucune école ne serait assez vaste pour contenir un aussi nombreux personnel, et du reste le caractère d'intimité dont nous parlions plus haut disparaîtrait complètement de ces réunions.

Néanmoins il pourrait être permis aux institutrices qui en feraient la demande d'assister à certaines des conférences faites par le personnel ordinaire de l'école normale.

Quant aux conférences cantonales, qui dans certaines régions sont faites avec le concours du personnel des écoles normales, rien ne s'opposerait à ce que cette coutume se généralisât, pourvu cependant que ces réunions eussent lieu sans que les élèves-maîtresses en souffrissent le moins du monde.

VOEU RELATIF À LA QUATRIÈME QUESTION.

Relativement à la quatrième question proposée, le personnel de l'école normale d'institutrices de Valence émet le vœu qu'une retraite pédagogique soit établie chaque année pendant les vacances de Pentecôte à l'école normale entre les anciennes élèves.

V.

VOEUX DU PERSONNEL ENSEIGNANT DE L'ÉCOLE NORMALE D'INSTITUTRICES DE VALENCE.

1° Suppression des surveillantes étrangères; rendre aux professeurs et maîtresses adjointes la surveillance intérieure en l'adoucissant le plus possible.

2° Égalité des traitements des fonctionnaires des deux sexes.

3° Différence entre le traitement des directeurs et des directrices non munis de leur certificat à l'enseignement et à la direction des écoles normales, et ceux possédant ces titres.

4° Décharger l'économe de toute surveillance, en supprimant son indemnité de 500 francs, mais lui donner la nourriture comme aux autres professeurs.

5° Brevet élémentaire retardé jusqu'à la fin de la deuxième année.

6° Étude de la morale pratique en première année.

7° Psychologie et instruction civique en troisième année.

8° Histoire de la pédagogie supprimée en troisième année ou augmentation d'une heure de pédagogie pour cette même année.

9° Histoire et géographie de la France continuées en deuxième année et augmentation d'une heure par semaine pour l'étude de la géographie.

10° Augmentation du temps consacré aux sciences physiques en troisième année.

11° Suppression d'une partie du cours de l'économie domestique.

12° Modification dans le programme de dessin.

13° Choisir la directrice de l'école annexe de préférence parmi les professeurs de l'école normale.

14° La rendre externe, avec indemnité de 600 francs.

15° Remplacer les exercices de l'école annexe, pour les écoles normales qui en sont dépourvues, par des conférences faites entre les élèves.

16° Établir dans chaque école normale, pendant les vacances de Pentecôte, une retraite pédagogique entre les anciennes élèves.

La Directrice de l'École,

EXPILLY.

ACADÉMIE DE LYON.

DÉPARTEMENT DU RHÔNE.

ÉCOLE NORMALE D'INSTITUTRICES DE LYON.

I.

Les résultats actuels de la nouvelle organisation conduisent le personnel à émettre les vœux suivants :

1° *En ce qui concerne la situation faite au personnel enseignant.* — Que les professeurs ou maîtresses n'aient que seize heures de classe par semaine.

2° *En ce qui concerne l'institution de l'économat.* — Que, dans les écoles normales qui comptent plus de cinquante élèves, l'économe soit déchargée de classe, et que dans les autres elle n'ait que cinq ou six heures d'enseignement par semaine.

3° *En ce qui concerne le régime disciplinaire et les surveillantes spéciales.* — Il n'y a pas eu lieu d'organiser ce mode de surveillance à l'école normale de Lyon, le personnel ne peut donc faire aucune appréciation à ce sujet.

II.

La plus grande difficulté que rencontre l'application des nouveaux programmes vient de l'insuffisance de préparation des aspirantes, surtout en ce qui concerne l'enseignement littéraire, la psychologie, la morale et le *dessin*.

PROPOSITIONS.

1° En attendant que la préparation des aspirantes soit meilleure et plus complète,

Restreindre quelque peu le programme, en *dessin* notamment, supprimer une heure de couture par semaine en troisième année, ou bien augmenter le temps de séjour à l'école normale.

2° Ne confier les cours qu'à des maîtresses ou des professeurs expérimentées qui aient fait leurs preuves dans les écoles primaires.

III.

ORGANISATION DE L'ÉCOLE ANNEXE.

VOEUX ET PROPOSITIONS DU PERSONNEL.

1° Situation à faire à la directrice. — Améliorer notablement la situation de la directrice sans la séparer ni l'isoler de l'école normale. Augmenter son traitement de 500 francs.

2° Rôle des élèves-maîtresses. — Associer progressivement les élèves-maîtresses à l'enseignement et à la *direction* de chacune des classes ou divisions de l'école annexe.

3° Extension de l'école annexe. Écoles maternelles et cours primaires supérieurs. — 1° Il est nécessaire que les élèves-maîtresses soient formées à l'enseignement pratique en vue des *diverses classes* qui pourront leur être confiées.

Pour assurer cette préparation, l'école annexe devra comprendre les classes ou divisions représentant les *différents degrés* d'enseignement primaire :

1er degré. — École maternelle;

2e degré. — Classe ou division enfantine, lien entre l'école maternelle et l'école primaire;

3e degré. — École primaire, comprenant deux divisions, enfants de huit à dix ans et de dix à douze ans; préparation au certificat d'études primaires;

4e degré. — Cours primaires supérieurs; quelques-unes des jeunes filles qui se destinent à l'enseignement pourront s'y préparer à l'école normale.

2° Limiter autant que possible le nombre d'élèves dans chacune des classes formant l'ensemble de l'école annexe.

IV.

1° Quelques conférences pourraient être faites aux institutrices chaque année à l'école normale.

2° A la suite des conférences, les institutrices pourraient visiter l'école annexe, voir le travail des élèves, suivre les exercices, se rendre compte de l'applcation des méthodes, etc.

3° Indépendamment des conférences, les anciennes élèves pourraient être rappelées, chaque année, pendant quelques jours à l'école normale, pour voir les progrès accomplis et recevoir des conseils, des encouragements relatifs à leur école et à leurs études personnelles.

4° L'école normale devrait avoir une bibliothèque et un musée pédagogique qui seraient mis à la disposition des institutrices.

V.

VOEUX ET PROPOSITIONS DES MEMBRES DU CONGRÈS.

1° Que les professeurs ou maîtresses nommées ou déléguées dans les écoles normales aient vingt et un ans au moins et deux ans de stage dans une école primaire.

2° Qu'il soit tenu compte des années d'enseignement dans les écoles primaires pour les promotions de classe.

3° Que tous les fonctionnaires de l'enseignement primaire public obtiennent des cartes permamentes de demi-tarif.

La Directrice de l'École,

PORTE.

DÉPARTEMENT DE SAÔNE-ET-LOIRE.

ÉCOLE NORMALE D'INSTITUTRICES DE MÂCON.

I.

1° Inégalité entre les traitements des fonctionnaires des écoles normales d'instituteurs et des fonctionnaires des écoles normales d'institutrices; cependant les titres exigés et les obligations imposées sont les mêmes pour tous.

2° Les maîtresses adjointes titulaires, avant la création des nouveaux examens, avaient dans l'école une situation morale qu'elles ne peuvent conserver si elles ne subissent une épreuve que rien ne pouvait leur faire prévoir au moment où elles se sont déterminées à entrer dans les écoles normales. Or, plusieurs d'entre elles, qui sont d'ailleurs bons professeurs et qui ont rendu de longs et excellents services au moment où la tâche des maîtresses adjointes était si pénible à remplir, ne pourraient subir sans un travail peut-être au-dessus de leurs forces le nouvel examen de professeur. Leur attention ayant été longtemps répartie sur un trop grand nombre de points, il leur a été impossible de se spécialiser. Il en résulte que, pour ces dames qui ont frayé la voie et traversé les mauvais jours, les services rendus sont cause qu'elles auront désormais dans l'école une situation morale inférieure et qu'elles ne pourront jamais jouir du traitement alloué aux professeurs. Puisqu'elles ont été jusqu'à ce jour professeur de fait, qu'elles le soient désormais de nom.

3° La situation des professeurs dans nos écoles répond à celle des agrégés dans les lycées, celle des maîtresses adjointes provisoires ne répond pas à celle des chargés de cours, puisqu'il n'y a pas pour elles d'avancement régulier.

4° L'économe a trop d'heures de cours.

5° Les maîtresses internes sont obligées de faire la surveillance du dortoir.

II.

1° Les élèves n'ont pas assez de temps pour la lecture et le travail personnel. Il y a trop de leçons.

2° Les programmes de chimie et de physique sont trop étendus.

3° Le cours de zoologie est trop long; on pourrait peut-être le supprimer en première année, en étendant un peu le programme de géographie.

4° Le cours d'économie domestique est trop long; une partie du programme fait double emploi et a été remplie dans les cours de physique, chimie, histoire naturelle, etc.

5° Deux heures d'arithmétique suffiraient en première et en seconde année.

6° Dans les trois années il y a trop de trois heures de couture ou de coupe.

7° Il n'y a pas de crédit au budget permettant d'acheter l'étoffe nécessaire pour le cours de coupe.

III.

1° La directrice doit, comme les professeurs de sciences et de lettres, avoir un titre particulier qui lui donne, aux yeux des élèves-maîtresses, une situation morale égale à celle des autres professeurs. Son traitement doit être égal à celui des professeurs.

2° La surveillance des enfants pendant les récréations et la préparation des élèves-maîtresses demandent qu'elle soit logée à l'école.

3° Le rôle tracé aux élèves-maîtresses par le règlement nous semble remplir les meilleures conditions. Dans les trente jours que les élèves-maîtresses doivent passer à l'école annexe, on comprend le temps qu'elles donnent à la salle d'asile.

4° L'école annexe doit être assez importante pour donner aux élèves-maîtresses une idée des difficultés qu'on peut rencontrer dans une école communale; mais elle ne doit pas non plus dépasser les limites ordinaires d'une école communale. Il ne faut pas oublier que l'école annexe a été fondée pour l'école normale.

5° Il est nécessaire que les élèves-maîtresses voient fonctionner une salle d'asile pour mieux étudier l'enfant. Mais que le personnel de la salle d'asile soit complet et que la présence des élèves-maîtresses n'y soit pas nécessaire au bon fonctionnement de la classe.

6° La création d'un cours supérieur à l'école annexe serait une heureuse addition au point de vue du recrutement des élèves-maîtresses, et de plus celles-ci pourraient s'y habituer à faire des leçons à un auditoire déjà avancé.

7° La direction du cours serait confiée à la directrice de l'école annexe; les cours seraient faits par les professeurs de l'école normale moyennant une subvention, et chaque élève-maîtresse de troisième année devrait, une fois par mois, y faire une leçon sur un sujet donné par la maîtresse chargée du cours d'où la leçon serait tirée.

IV.

1° Les maîtresses de l'école normale pourraient aider les jeunes institutrices à se préparer à subir les examens du brevet supérieur ou du certificat de pédagogie.

2° L'école normale pourrait être aussi un lieu de réunion où à certains jours les institutrices viendraient s'entretenir des difficultés pédagogiques qu'elles rencontrent dans l'exercice de leurs fonctions.

On pourrait alors :

1° Proposer chaque mois aux institutrices qui préparent un examen un sujet de lettres, un sujet de sciences et un sujet de pédagogie. Ces devoirs seraient corrigés par la directrice et les maîtresses adjointes ;

2° On inviterait chaque trimestre toutes les institutrices du département à traiter un sujet pédagogique. Les copies seraient envoyées à l'école pour une date fixée, et, à un jour désigné pour la conférence trimestrielle, la directrice de l'école normale formulerait, devant les institutrices qui auraient bien voulu se rendre à l'école, les observations et les réflexions suggérées par les devoirs qui lui auraient été remis. Elle traiterait ensuite elle-même le sujet mis à l'ordre du jour.

V.

VŒUX ET PROPOSITIONS.

1° Que les traitements des fonctionnaires des écoles normales d'institutrices soient égaux à ceux des fonctionnaires des écoles normales d'instituteurs.

2° Que les maîtresses adjointes, titulaires avant la création des nouveaux examens, aient le titre et le traitement de professeur.

Quelques membres du conseil ne sont pas de notre avis et demandent pour ces fonctionnaires le traitement de professeur, mais non le titre.

3° Que le titre de maîtresse adjointe provisoire soit remplacé par celui de chargée de cours, et qu'il y ait pour ces fonctionnaires un avancement régulier comme pour les professeurs.

4° Que l'économe fasse un cours, mais qu'elle n'ait que quatre ou cinq heures de classe.

5° Qu'il y ait une surveillante dans toutes les écoles normales, quel que soit le nombre des maîtresses internes.

6° Restreindre les programmes de physique et de chimie, mais laisser la même durée au cours.

7° Supprimer le cours de géologie en première année et étendre un peu plus le cours de géographie.

8° Réduire à une année seulement le cours d'économie domestique et d'hygiène.

9° Ne donner que deux heures de leçon d'arithmétique en première et en seconde année.

10° Supprimer une heure de couture et de coupe dans les trois années.

11° Accorder un crédit de 8 francs par élève pour les frais occasionnés par le cours de coupe.

12° Laisser aux élèves, pour le travail personnel et la lecture, le temps que leur feraient gagner ces différents changements.

13° Créer le titre de directrice d'école annexe, et exiger des aspirantes un examen spécial passé à Paris.

14° Que son traitement soit égal à celui des professeurs.

15° Qu'elle soit logée à l'école.

16° Que le rôle des élèves-maîtresses soit celui qu'indique le règlement et que, dans les trente jours que les élèves-maîtresses doivent passer à l'école annexe, le temps à donner à la salle d'asile se trouve compris.

17° Que l'école annexe ne soit pas trop importante.

18° Qu'un cours supérieur soit créé à l'école annexe.

19° Que la direction en soit confiée à la directrice de l'école annexe et que les cours y soient faits, moyennant une rétribution, par les professeurs de l'école normale. Chaque élève-maîtresse de troisième année y fera une leçon par mois.

20° Les maîtresses de l'école normale corrigeront tous les mois un devoir de pédagogie, un devoir de sciences et un devoir de lettres aux institutrices qui prépareront un examen.

21° Organiser à l'école des conférences trimestrielles pour toutes les institutrices du département.

22° Les membres du conseil expriment en outre le vœu que tous les fonctionnaires des écoles normales, directrices et directeurs compris, soient autorisés à voyager à demi-tarif, *sans conditions aucune*, sur tous les réseaux de chemin de fer.

La Directrice de l'École,

MARIE RUAULT.

ACADÉMIE DE MONTPELLIER.

DÉPARTEMENT DE L'HÉRAULT.

ÉCOLE NORMALE D'INSTITUTRICES DE MONTPELLIER.

I.

Situation faite au personnel enseignant. — La nouvelle organisation des écoles normales semble s'être proposé un triple but :

1° Donner aux directrices leur véritable rôle de surveillance générale et de direction morale et intellectuelle;

2° Améliorer la situation du personnel enseignant;

3° Assurer le bon recrutement des professeurs.

DONNER AUX DIRECTRICES LEUR VÉRITABLE RÔLE, ETC.

Ce but est atteint par la création de l'économat, qui décharge la direction de la majeure partie des soins matériels et des soucis journaliers du ménage. Le prestige que doit avoir un chef de service y gagne également.

AMÉLIORER LA SITUATION DU PERSONNEL.

Résultats obtenus : — 1° Diminution du travail, ce qui, tout en faisant aux maîtresses une vie plus douce, leur permet de se livrer à un travail personnel dont leur enseignement doit avoir le premier bénéfice;

2° Augmentation de traitement, c'est-à-dire rémunération plus en rapport avec l'importance des fonctions;

3° Possibilité de l'externat. Il serait bon de préciser dans quelles conditions l'externat sera possible (considérations de famille, garantie donnée par l'âge);

4° Parfaite convenance qu'il y a à verser à la caisse de l'école le montant de l'entretien des maîtresses.

Pourquoi les directrices ont-elles été exclues de l'augmentation de traitement que le décret du 30 juillet 1881 accorde à tous les autres fonctionnaires des écoles normales?

Pourquoi une différence de 1,000 francs, à grade égal, entre les directeurs et directrices d'écoles normales, différence que M. Jules Ferry, déjà ministre en mars 1881, qualifiait d'anomalie, sans raison d'être.

Il est d'usage que les traitements augmentent avec l'importance des fonctions.

Dans l'organisation actuelle, le professeur de première classe, qui jouit d'un traitement de 2,400 francs, plus la nourriture et tous les frais de l'internat, tombe à 3,000 francs net, c'est-à-dire un traitement bien inférieur, s'il échange la paisible profession du professeur contre les soucis et les responsabilités de la direction. Hiérarchiquement parlant, il y a une anomalie flagrante; on prouverait facilement que, étant données les occupations incessantes d'une directrice, et par conséquent l'impossibilité de s'occuper de son intérieur, le traitement affecté à ces fonctionnaires ne suffit pas à leurs besoins.

Pourquoi les traitements du personnel des écoles normales d'institutrices ne sont-ils pas les mêmes que les traitements du personnel des écoles normales d'instituteurs?

Les directrices et professeurs d'écoles normales d'institutrices ont des fonctions analogues à celles des directeurs et professeurs d'écoles normales d'instituteurs. On exige pour les uns et pour les autres les mêmes titres de capacité. En un mot, les devoirs sont les mêmes, les droits sont les mêmes aussi. Conclusion, égaliser les traitements.

ASSURER LE BON RECRUTEMENT DES PROFESSEURS.

Résultats obtenus. — La création d'un titre spécial pour le professorat des écoles normales ferme cette carrière aux médiocrités de l'enseignement, en même temps que la position avantageuse faite à nos professeurs engage les meilleures institutrices à rechercher ces emplois, et fait espérer que dans un bref délai ce personnel sera assez nombreux pour suffire à l'enseignement dans les écoles normales.

Il est dans le personnel des écoles normales d'anciennes maîtresses émérites, qui en raison de leur âge ne peuvent courir les chances d'un examen, et dont cependant les connaissances pratiques, la longue expérience sont grandement appréciées dans nos écoles.

Si elles ont des droits à la confiance de l'Administration, elles n'en ont pas de moins grands à la considération de tous Or, la situation faite aux nouveaux professeurs, les attentions dont elles sont l'objet établissent entre elles et les anciennes maîtresses adjointes une ligne de démarcation humiliante pour ces dernières.

Il serait juste d'accorder à l'expérience acquise par de longs services au moins la même confiance que l'on accorde à des preuves de capacité données dans un examen.

RÉGIME INTÉRIEUR ET RÉGIME DISCIPLINAIRE.

Décret du 29 juillet, article 31. Enseignement religieux. — L'enseignement et les exercices religieux ont lieu aux jours et heures fixés par les aumôniers d'accord avec la directrice.

En vue de l'ordre et pour éviter toutes difficultés entre les directrices et les aumôniers, cet article pourrait être modifié ainsi :

L'enseignement et les exercices religieux ont lieu aux jours et aux heures fixés par la directrice d'accord avec les aumôniers.

L'enseignement durera x heures par semaine (il est bon de préciser); il sera donné aux mêmes heures pour tous les cultes.

Vacances. — En prolongeant les grandes vacances et les vacances de Pâques, en autorisant dans une large mesure des sorties le dimanche, le nouveau régime intérieur permet à nos élèves de supporter sans impatience leurs années d'internat.

Régime disciplinaire. — Le régime disciplinaire arme suffisamment l'administration, sans cependant contraindre les élèves par des répressions fréquentes et tracassières.

1° *Privation de sortie.* — Si nos élèves avaient besoin d'un excitant au travail et à la bonne conduite, c'est dans l'attrait des sorties de faveur qu'elles le trouveraient.

2° *La réprimande.* — Punition morale qui ne manque jamais son effet, à moins que l'on ait affaire à des âmes sans dignité, dès lors inaptes à la profession d'institutrice.

3° *Exclusion temporaire.* — A n'employer que dans les cas graves. L'élève qui a subi une telle punition est bien déchue. On doit cependant maintenir ce moyen disciplinaire en le regardant comme le dernier terme de l'indulgence administrative.

4° *Exclusion définitive.* — Indispensable. Il serait bon de préciser les cas où cette peine peut être appliquée. Les parents comme les élèves semblent trop convaincus qu'il faut des actes d'insubordination ou de mauvaise conduite poussés jusqu'au scandale, pour amener l'exclusion d'une élève.

Des défauts graves de caractère, une négligence invétérée dans l'accomplissement de ses devoirs, en un mot un ensemble de conduite révélant l'absence de qualités morales, ne sont-ce pas là des raisons suffisantes pour qu'une jeune fille soit rendue à sa famille? Il y a une insuffisance morale comme une insuffisance intellectuelle.

Économat. — L'institution de l'économat présente un double résultat :

1° Décharger la directrice, déjà si occupée d'autre part;

2° Assurer une surveillance plus directe de tout ce qui concerne le matériel de l'école; donc amélioration forcée dans la nourriture, l'entretien du linge, du mobilier, etc.

Mais l'œuvre sera incomplète tant que l'économe cumulera les fonctions du professorat.

En voici les raisons :

1° La gestion économique occupe trop un professeur pour que les leçons dont il est chargé puissent ne pas se ressentir de ses préoccupations matérielles.

2° Tant que l'économe sera en même temps professeur, cet

emploi ne sera occupé que d'une manière provisoire. De fréquents changements de gestion amèneront forcément dans la comptabilité des complications qui seraient évitées si l'économat était une fonction purement administrative.

Surveillants spéciaux. — La création de maîtresses surveillantes décharge les professeurs des parties les plus pénibles du service sans empêcher l'influence morale que les maîtresses doivent exercer sur les élèves, puisqu'une grande partie de la surveillance reste à leur chare.

II.

Langue française. — Le programme est très bien conçu; mais il ne donnera de bons résultats que lorsque le recrutement nous fournira des sujets mieux préparés.

Voici les modifications qu'il nous semblerait bon d'apporter à cette partie du programme:

Première année. — Faire suivre au cours de première année le programme tracé pour la deuxième année.

Les élèves, à leur entrée à l'école normale, doivent avoir une connaissance suffisante des règles de la grammaire pour leur permettre d'aborder, dès la première année, le programme adopté pour la deuxième année. C'est dans les exercices pratiques qu'il sera fait une étude plus approfondie des parties essentielles de la grammaire.

Deuxième année. — Remplacer le programme actuel par une partie du programme de troisième année. Revision du programme de première année. Étude des règles essentielles de la composition. Histoire de la littérature jusqu'au siècle de Louis XIV.

Troisième année. — Continuation du programme tel qu'il est tracé. Les élèves devront, pendant trois années d'études, être exercées à faire oralement ou à rédiger des analyses littéraires d'une manière suivie et graduée.

Histoire. — Première année. — Outre le programme adopté, il serait utile d'y ajouter des notions d'histoire générale et un aperçu d'histoire ancienne; les élèves seraient ainsi préparées à suivre avec plus de fruit les cours de deuxième et de troisième année.

Rien à modifier aux programmes de deuxième et de troisième année.

Il serait à désirer que les programmes ne soient point arrêtés pour chaque trimestre, et que le professeur ait plus de latitude en ce qui concerne la distribution du travail.

Géographie. — Deux heures par semaine nous paraissent nécessaires pour suivre le programme, d'ailleurs bien conçu.

Physique. — Vu l'étendue du programme, une heure par semaine durant la deuxième année, et deux heures durant la troisième année doivent être consacrées à cet enseignement.

Chimie. — Pour la même raison, il est utile de consacrer à cette partie du programme une heure par semaine en deuxième année et une heure en troisième année.

Histoire naturelle. — Le programme en lui-même ne donne lieu à aucune observation; mais au point de vue de la distribution du travail pour chaque année, nous désirerions qu'elle fût laissée à l'initiative du professeur. En outre, nous sommes d'avis de mener de front l'enseignement de la botanique et de la zoologie.

Toutes les autres parties du programme qui ne sont pas énoncées ici ne donnent lieu à aucune observation.

III.

1° Situation à faire à la directrice.

2° Rôle des élèves-maîtresses.

3° Extention de l'école annexe. École maternelle, cours supérieur.

La question la plus sérieuse est celle du recrutement des directrices des écoles annexes.

Il semble indiqué par la raison que ces directrices doivent avoir exercé dans les écoles communales et dans les écoles maternelles avant que d'être appelées à diriger des établissements qui sont des écoles modèles.

De plus, en vue de l'autorité morale qu'elles doivent exercer sur les élèves-maîtresses, il est indispensable :

1° Que la directrice de l'école primaire annexe ait le titre de professeur;

2° Que la directrice de l'école maternelle ait le brevet supérieur.

Logement indépendant qui leur permette la vie de famille, auquel cas elles recevront l'indemnité de nourriture de 500 francs accordée aux professeurs externes.

Le rôle des élèves-maîtresses doit être tour à tour actif et passif; c'est-à-dire que tantôt elles doivent donner des leçons, tantôt écouter celles qui sont faites par la directrice, prendre des notes, etc.

Il n'y a aucune nécessité à ce que les élèves de première année aillent à l'école annexe, le temps est beaucoup mieux employé dans les études.

Les élèves de deuxième année seconderaient la directrice dans les leçons à donner aux élèves du cours supérieur, et les élèves de troisième année seraient spécialement chargées des leçons bien plus difficiles du cours élémentaire et du cours moyen, et iraient fréquemment à l'école maternelle.

Vingt jours de classe disséminés dans l'année suffiraient, puisqu'ils suffisent aux jeunes gens.

L'école maternelle développe, autant que peut le faire l'école primaire, les qualités pédagogiques, d'ailleurs innées chez la femme.

De plus, la troisième année partagerait son temps entre l'école primaire et l'école maternelle pendant toute la période qui reste à s'écouler entre l'examen du brevet supérieur et la sortie de l'école.

Extension des annexes. École maternelle. — Indispensable. C'est en s'occupant de la première enfance que la femme éveillera en elle les qualités maternelles qui seules peuvent faire une véritable institutrice.

Cours supérieurs. — Ne paraissent pas très nécessaires au point de vue pédagogique; si nos élèves sont capables de mettre leur enseignement à la portée des trois cours d'une école primaire élémentaire, il ne leur sera pas difficile de donner des leçons aux élèves d'un cours supérieur. La création de ces cours pourrait cependant avoir cet avantage, de fournir au recrutement des écoles normales, ce qui sera grandement à considérer tant que les aspirantes qui nous viennent des écoles primaires seront si mal préparées

Dans le cas où un cours supérieur serait annexé à l'école normale, il deviendrait urgent de donner une adjointe à la directrice de l'école annexe.

IV.

L'école normale doit être considérée comme un centre à la fois intellectuel et moral, non-seulement pour les anciennes normaliennes, mais pour toutes les institutrices du département.

Elles devraient trouver à l'école des conseils et un appui dans les moments difficiles; directions pédagogiques et morales données dans des conférences mensuelles, sous la direction de l'autorité immédiatement supérieure; moyens de préparation aux différents examens (correction de devoirs, sujets à traiter, etc.)

L'école devrait leur être ouverte comme un véritable foyer de famille (logement, nourriture) toutes les fois que des affaires administratives les appelleraient au chef-lieu.

Il y aurait là le moyen d'établir l'unité de méthode dans l'enseignement et de faire naître des relations amicales et une certaine solidarité entre tous les membres de l'enseignement.

V.

VOEUX ET PROPOSITIONS DES MEMBRES DU CONGRÈS.

Personnel. — 1° Traitement des directrices augmenté en proportion de l'augmentation de traitement accordée à tout le personnel par le décret du 30 juillet 1881.

Plus justement égalité de traitement entre le personnel masculin et féminin.

Facilité pour tout le personnel de jouir du bénéfice des cartes à demi-tarif sur les voies ferrées, aussi bien pour la directrice que pour tout le personnel.

2° Que la dénomination de maîtresse adjointe disparaisse des écoles normales; que le titre de professeur soit donné à toutes les maîtresses adjointes qui, au 5 juin 1881, comptaient un nombre d'années de service déterminé.

3° Que les maîtresses stagiaires soient désignées sous le nom de maîtresses chargées de cours.

4° Qu'un stage, dont la durée sera déterminée par le Conseil supérieur, soit fait dans les écoles communales par les personnes qui aspirent à professer dans les écoles normales.

5° Que l'entrée à l'école de Fontenay-aux-Roses soit un droit pour les anciennes maîtresses adjointes qui seraient décidées à subir l'examen du professorat. (Étant donné le petit nombre de ces maîtresses, la chose est possible.)

6° Que l'avancement soit assuré par des règles fixes, tout en laissant à l'Administration la latitude de récompenser le mérite par un avancement exceptionnel.

7° Que les fonctions de directrice soient données au choix comme avancement aux professeurs de première classe les plus méritantes.

Préciser les conditions dans lesquelles l'externat peut être accordé aux maîtresses.

8° Que les fonctions de l'économat soient purement administratives.

9° Que, étant donnée l'obligation de présenter toutes les élèves au brevet supérieur à la fin du cours normal, l'examen de passage soit rétabli en première année avec toute sa force d'action; c'est-à-dire que les résultats de l'examen du brevet simple, quels qu'ils puissent être, n'aient aucune influence sur l'appréciation de la commission chargée de l'examen de passage.

Il est à désirer que l'admission aux écoles normales n'ait lieu qu'à seize ans; la période de quinze à seize est trop critique pour que l'internat et un travail aussi soutenu que celui des écoles normales ne soient pas nuisibles à une jeune fille.

Cette modification permettrait d'exiger dans un avenir prochain que toutes les aspirantes au concours d'admission fussent munies de leur brevet simple.

La Directrice de l'École,

Olivaint.

DÉPARTEMENT DE L'AUDE.

ÉCOLE NORMALE D'INSTITUTRICES DE CARCASSONNE.

I.

Le personnel enseignant de l'école normale d'institutrices de Carcassonne n'a jamais été au complet depuis la rentrée des classes; aussi lui est-il difficile d'apprécier sainement les résultats de la nouvelle organisation des écoles normales.

Voici cependant les résolutions auxquelles il s'est arrêté :

1° Le personnel enseignant se plaît à reconnaître que la situation a été sensiblement améliorée.

2° Le régime disciplinaire appliqué avec justice paraît offrir toutes les garanties désirables.

3° L'institution de l'économat pourra rendre des services réels lorsque les économes auront acquis toute l'expérience qui peut encore leur faire défaut.

4° La surveillance ayant été faite jusqu'à ce jour, à l'école normale de Carcassonne, par les maîtresses adjointes, il n'a pas été possible d'apprécier les avantages ou les inconvénients qui peuvent résulter de la création d'un poste de surveillante spéciale.

5° L'obtention du brevet élémentaire à la fin de la première année et du brevet supérieur à la fin du cours d'études présentera certainement pendant quelque temps d'assez grandes difficultés dans les écoles nouvellement fondées; mais le personnel enseignant est unanime à reconnaître les heureux effets que produira cette mesure dans un avenir prochain.

II.

APPLICATION DES NOUVEAUX PROGRAMMES.

1° Il est à désirer que l'enseignement littéraire soit confié à un professeur titulaire. La même demande peut être faite pour l'enseignement des sciences physiques et naturelles.

2° Le cours de psychologie et de morale n'offre aucune difficulté sérieuse et il a déjà produit de bons résultats à l'école normale de Carcassonne.

3° Le programme d'histoire est très chargé pour le premier trimestre de la deuxième année; il est à désirer que le cours d'histoire ancienne puisse se faire pendant le second semestre de la première année.

4° L'enseignement de la gymnastique étant obligatoire, nous demandons qu'un professeur soit nommé dans le plus bref délai possible.

5° Le personnel enseignant désire, à l'unanimité, que l'étude d'une langue vivante ne puisse être autorisée que lorsque la demande en aura été faite par la direction et par deux maîtresses adjointes de l'école normale.

III.

ORGANISATION DE L'ÉCOLE ANNEXE.

La directrice de l'école annexe doit avoir le titre de professeur, être une institutrice hors ligne, joignant à une capacité éprouvée beaucoup d'expérience. Mais le recrutement est difficile; aussi il est juste de faire à cette maîtresse une situation exceptionnelle et de lui procurer des avantages matériels tels qu'ils puissent la retenir à ce poste. Un cours primaire supérieur serait d'une grande utilité dans chaque école annexe : les élèves-maîtresses de troisième année auraient ainsi l'avantage de pouvoir s'exercer à l'enseignement des matières du brevet supérieur. Le service pourrait alors se répartir de la manière suivante : la première année s'occuperait spécialement de l'école maternelle, la deuxième année de l'école annexe proprement dite, et la troisième année du cours primaire supérieur, et alternativement pendant le dernier semestre de tous les cours.

IV.

Le personnel enseignant du département a souvent à lutter contre des difficultés de toutes sortes. L'école normale est naturellement indiquée comme le lieu où ce personnel pourra chaque année, pendant les vacances, se réunir sous la présidence de l'autorité académique, pour mettre en commun ses idées, éclaircir les points obscurs, résoudre bien des questions délicates, recevoir des conseils et des encouragements, s'initier à la pratique des nouvelles méthodes, venir, en un mot, se retremper pour la lutte et reprendre des forces pour parcourir une nouvelle étape.

V.

VŒUX FORMÉS PAR LE PERSONNEL ENSEIGNANT.

1° Que deux professeurs titulaires au moins, un de l'ordre des lettres, un de l'ordre des sciences, soient attachés à chaque école normale.

2° Que, dans l'intérêt de l'enseignement, aucune école normale ne reste plus d'un mois sans avoir son personnel au complet.

3° Que le traitement du personnel des écoles normales d'institutrices soit le même que celui du personnel des écoles normales d'instituteurs.

La Directrice de l'École,

COUGOUL.

DÉPARTEMENT DES PYRÉNÉES-ORIENTALES.

ÉCOLE NORMALE D'INSTITUTRICES DE PERPIGNAN.

I.

1re RÉSOLUTION. — La réunion du personnel de l'école normale d'institutrices de Perpignan,

Considérant que la nouvelle organisation a amélioré, à tous les points de vue, la situation des maîtresses adjointes, estime qu'en cela cette organisation est de beaucoup préférable à l'ancienne.

Considérant que le personnel des écoles normales d'institutrices doit présenter les mêmes garanties de capacité que le personnel des écoles normales d'instituteurs et qu'il leur est demandé les mêmes heures de travail, la réunion émet le vœu qu'il soit alloué aux directrices, aux professeurs et aux maîtresses adjointes un traitement égal à celui des directeurs, professeurs et maîtres adjoints.

2e RÉSOLUTION. — Considérant que les élèves-maîtresses ne doivent point être l'objet d'une surveillance rigoureuse;

Considérant, en outre, que les heures d'études, placées sous la surveillance d'une élève-maîtresse réglementaire, se font avec silence et discipline à l'école normale d'institutrices de Perpignan, la réunion émet le vœu que le Congrès demande que les élèves-maîtresses de troisième année soient chargées tour à tour de la surveillance des études.

3e RÉSOLUTION. — Considérant la difficulté que peuvent rencontrer les maîtresses adjointes chargées de l'économat pour se procurer la somme nécessaire au cautionnement exigé; que d'ailleurs il n'en était point demandé aux directeurs et directrices d'école normale, alors qu'ils étaient seuls chargés de la comptabilité, la réunion émet le vœu que le cautionnement ne soit point exigé pour les économes.

4e RÉSOLUTION. — Considérant que la directrice de l'école annexe et l'économe n'étant plus tenues de faire la surveillance ce service incombe trop souvent à la même maîtresse adjointe, la réunion émet le vœu qu'il y ait une surveillante spéciale dans chaque école normale d'institutrices.

II.

1re RÉSOLUTION.—Le personnel de l'école normale d'institutrices de Perpignan,

Considérant que l'étude de l'histoire littéraire ne peut se faire d'une manière complète dans une année; que cette étude a été commencée, sans inconvénient, en seconde année à l'école normale d'institutrices de Perpignan, émet le vœu que l'enseignement de l'histoire littéraire soit réparti entre la deuxième et la troisième année.

2e RÉSOLUTION. — Considérant que le programme d'histoire générale est trop chargé, la réunion émet le vœu que cette étude s'arrête, en deuxième année, au commencement de l'histoire moderne.

3e RÉSOLUTION. — Considérant que, en général, les élèves-maîtresses de première année n'ont reçu, dans les écoles primaires, presque aucune instruction morale, et que cette étude est bien plus à leur portée que celle de psychologie, la réunion émet le vœu : 1° qu'on se borne, en première année, à des notions très sommaires de psychologie, et que l'enseignement de la morale théorique et pratique se donne en première année et en deuxième; 2° que l'étude de la psychologie se fasse en troisième année.

4e RÉSOLUTION. — Considérant que la géologie est une science trop abstraite pour les élèves de première année, et que l'étude de la botanique serait mieux placée pendant la saison d'été, la réunion émet le vœu que le premier semestre, en première année, soit employé à une étude succincte de l'homme.

5e RÉSOLUTION. — Considérant que le nombre d'heures accordées à certaines matières d'enseignement, en deuxième et troisième année, n'est pas suffisant pour répondre aux exigences du programme, et que d'ailleurs le nombre des heures de leçon peut, sans inconvénient, s'élever, en deuxième et troisième année, au chiffre de vingt-neuf heures, la réunion émet le vœu que le tableau de la répartition des matières de l'enseignement soit modifié comme suit :

1° Deux heures de géographie par semaine, en deuxième et en troisième année.

2° Cinq heures en troisième année pour l'enseignement de la langue et des éléments de littérature.

3° Une heure de physique en deuxième année.

4° Une heure de chimie en troisième année.

III.

1re RÉSOLUTION. — La réunion du personnel de l'école normale d'institutrices de Perpignan,

Considérant que la directrice de l'école annexe doit être prise parmi les institutrices les plus expérimentées, émet le vœu : 1° que le traitement soit assez élevé pour que ce poste puisse être considéré comme un avancement ; 2° qu'il soit attribué à la directrice un logement indépendant, attenant, autant que possible, à l'école normale.

2e RÉSOLUTION. — Considérant que le reproche général adressé aux élèves sortant de l'école normale est d'avoir plus de théorie que de pratique, et de maintenir difficilement la discipline dans leur classe, la réunion émet le vœu : 1° que le lundi de chaque semaine la directrice donne les leçons devant les élèves-maîtresses ; 2° que la directrice ne se tienne pas continuellement dans la classe afin de constater, après une courte absence, si l'élève-maîtresse a su maintenir seule la discipline.

3e résolution. — Considérant les services que pourraient rendre les cours supérieurs au point de vue du bon recrutement des élèves-maîtresses; en deuxième lieu, considérant que les élèves-maîtresses doivent trouver à l'école normale tous les degrés de l'enseignement primaire, la réunion émet le vœu que les cours primaires supérieurs et les écoles maternelles soient le plus tôt possible annexés à l'école normale.

IV.

Résolution. — La réunion du personnel de l'école normale d'institutrices de Perpignan,

Considérant les services que peut rendre le personnel enseignant des écoles normales aux anciennes élèves-maîtresses, émet le vœu : 1° que les élèves-maîtresses puissent en tout temps recevoir l'hospitalité à l'école normale et venir y puiser les directions et les encouragements dont elles peuvent avoir besoin; 2° qu'une fois par an, les anciennes élèves-maîtresses soient convoquées à l'école normale pour y prendre part à un congrès pédagogique présidé par des hommes compétents.

V.

Résolution. — La réunion du personnel de l'école normale d'institutrices de Perpignan,

Considérant que, par le nouveau mode de recrutement, le personnel des écoles normales offre plus de garantie que par le passé, au point de vue de l'instruction et des aptitudes pédagogiques, émet le vœu que les professeurs externes, chargés des cours complémentaires, soient supprimés.

La Directrice de l'école,

Bousquet.

ACADÉMIE DE NANCY.

DÉPARTEMENT DE MEURTHE-ET-MOSELLE.

ÉCOLE NORMALE D'INSTITUTRICES DE NANCY.

I.

1° *Situation faite au personnel enseignant.* — La Commission est satisfaite de la situation pécuniaire faite au personnel enseignant.

Elle apprécie les avantages qui résultent, au point de vue de l'éducation, des rapports que la surveillance établit entre les maîtresses adjointes et les élèves.

Mais considérant :

Que les surveillances auxquelles sont astreintes les professeurs et les maîtresses adjointes leur prennent une grande partie d'un temps qu'elles emploieraient avec profit à la préparation de leurs cours et à leur instruction personnelle ;

Considérant, en outre :

Que ces doubles fonctions de surveillante et de professeur rendent pénible leur situation,

La Commission émet le vœu :

Que les professeurs et les maîtresses adjointes soient déchargées d'une partie des surveillances.

2° *Régime disciplinaire.* — La Commission pense que les élèves, qui, à leur sortie de l'école normale, seront complètement livrées à elles-mêmes, doivent être habituées à jouir d'une certaine liberté et à se sentir moralement obligées d'en faire un bon usage.

Elle ajoute que l'expérience qui a été faite depuis l'ouverture de l'école normale de Nancy (trois ans) peut permettre d'affirmer que cette liberté, accordée dans de justes limites, est compatible avec l'ordre : les élèves acquièrent ainsi le sentiment de leur responsabilité personnelle; aussi les laisse-t-on parfois seules pendant les études, sans préjudice pour leur instruction et la discipline de l'école.

3° *Institution de l'Économat.* — La commission ne trouve que des avantages à l'institution de l'économat : la directrice, ainsi déchargée de la comptabilité et d'une partie des soins matériels, a le temps nécessaire pour la bonne préparation de ses cours de pédagogie, de psychologie et de morale ; elle peut aussi, en assistant souvent à tous les cours, aider de son expérience les maîtresses adjointes.

Mais considérant qu'il y a des maîtresses adjointes possédant les aptitudes qu'exigent les fonctions d'économe, et se trouvant dans l'impossibilité de fournir le cautionnement exigé,

La Commission émet le vœu que ce cautionnement soit réduit à 2,500 francs.

4° *Surveillantes spéciales.* — La Commission ayant, au paragraphe 1er, émis et motivé le vœu que les professeurs et les maîtresses adjointes soient déchargées en partie de la surveillance,

Demande la création d'emplois de surveillantes spéciales.

II.

La Commission ne voit pas de difficultés dans l'application des nouveaux programmes.

Elle aurait une observation à faire sur la distribution horaire en ce qui concerne les sciences physiques :

Étant donné que le cour doit être expérimental, il est difficile au professeur, dans le temps réglementaire, d'exposer les différentes parties du programme et de faire les expériences qui se rattachent aux questions traitées.

III.

1° *Situation à faire à la directrice.* — La Commission,

Considérant qu'il faut des aptitudes pédagogiques spéciales et l'expérience que donnent les années d'exercice pour faire une bonne directrice d'école annexe;

Considérant qu'il est désirable que la situation pécuniaire faite à la directrice de l'école annexe présente assez d'avantages pour qu'il soit dans son intérêt de conserver longtemps son poste,

Émet le vœu :

Que le traitement de la directrice de l'école annexe soit supérieur à celui des professeurs et maîtresses adjointes de l'école normale;

Que la directrice soit choisie parmi les meilleures institutrices du département.

2° *Rôle des élèves-maîtresses.* — La Commission estime que ce rôle a été bien défini par le décret du 29 juillet 1881.

3° *Extension de l'école annexe.* — La Commission,

Considérant que, vu la préparation sérieuse des élèves pour l'obtention du brevet supérieur, et le peu de temps dont elles peuvent disposer, il serait difficile, sans nuire à leurs études, de les exercer à la fois à l'enseignement dans l'école annexe, dans l'école maternelle et dans les cours primaires supérieurs.

N'est pas favorable à l'extension des écoles annexes (écoles maternelles et cours primaires supérieurs).

IV.

La Commission,

Considérant qu'un certain nombre d'institutrices, d'ailleurs bien dévouées, n'ont pas eu de direction pédagogique;

Que leur tâche serait facilitée par les conseils du personnel de l'école normale, qui fait une étude à la fois théorique et expérimentale des méthodes et des procédés d'enseignement;

Que dans un avenir prochain le personnel des institutrices sera composé en grande partie des élèves de l'école; que ces élèves seront heureuses de venir prendre, dans des relations amicales, les conseils qui les aideront à rester toujours à la hauteur de leurs fonctions,

Émet le vœu :

Que les institutrices du département se réunissent une ou deux fois par an à l'école normale pour faire échange d'idées avec le personnel de l'école.

V.

VŒUX ET PROPOSITIONS DES MEMBRES DU CONGRÈS.

1° La Commission,

Considérant que les cours de l'école faits par les maîtresses adjointes sont aussi profitables aux élèves que ceux donnés par les professeurs externes;

Qu'il est de la dignité du personnel de l'école de n'être aidé dans les cours par aucun auxiliaire étranger à l'école;

Que l'école normale supérieure de Fontenay prépare au professorat des écoles normales, et donne, en même temps qu'une instruction solide et élevée, une bonne direction pédagogique,

Émet le vœu :

Que dans un avenir rapproché les professeurs et les maîtresses adjointes soient seuls chargées de l'enseignement à l'école.

2° La Commission,

Considérant qu'il existe dans le personnel enseignant des écoles normales trois catégories de maîtresses :

1° Professeurs; 2° maîtresses adjointes; 3° maîtresses adjointes provisoires;

Qu'il n'y a pas de raisons suffisantes pour donner des titres différents aux maîtresses nommées après les nouveaux décrets;

Considérant, en outre, que le titre de maîtresse adjointe se confond avec celui d'institutrice adjointe,

Estime qu'il serait convenable de remplacer les titres de maîtresse adjointe titulaire et de maîtresse adjointe provisoire par celui de *chargée de cours*.

3° La Commission :

Considérant que les maîtresses adjointes qui ont quarante ans d'âge et dix ans d'exercice ont droit, par suite de leurs services, et sans subir l'examen du professorat, au titre et au traitement de professeur,

Émet le vœu :

Que ces fonctionnaires soient assimilées aux professeurs pour le le titre et pour le traitement.

4° La Commission,

Considérant qu'il n'y a point de programme pour l'enseignement des langues étrangères,

Estime qu'il y a lieu d'en établir un.

La Directrice de l'École,

KARQUEL.

ACADÉMIE DE POITIERS.

DÉPARTEMENT D'INDRE-ET-LOIRE.

ÉCOLE NORMALE D'INSTITUTRICES DE TOURS.

I.

1° Les professeurs de l'école normale de Tours trouvent très satisfaisante la situation nouvelle qui leur est faite.

2° Le régime disciplinaire ne laisse rien à désirer.

La durée des vacances étant de sept semaines, ces vacances commenceront-elles à partir du jour du départ des élèves-maîtresses ou à partir du jour de la sortie des aspirantes admises temporairement à l'école pour y subir des épreuves orales? Dans cette dernière hypothèse, les vacances des maîtresses se trouveraient réduites à moins de six semaines.

3° La directrice est satisfaite d'être déchargée de l'économat et rend bon témoignage de la gestion de Mlle Lacoste.

L'économe demande des explications précises sur la tenue des écritures conformément au décret du 1er août 1881. Doit-on avoir un nouveau sommier reproduisant les nouvelles divisions du budget, et des bordereaux trimestriels établis sur le même modèle?

4° Les professeurs de l'école normale trouvent qu'il serait bon que, d'après le règlement, chaque maîtresse adjointe et professeur fît à son tour une semaine de surveillance pour les études, et que la maîtresse surveillante spéciale fût aussi chargée de quelques leçons (écriture, travail à l'aiguille), de façon à sauvegarder son autorité.

II.

1° Les programmes d'enseignement littéraire peuvent être appliqués tels qu'ils sont établis.

2° Il conviendrait de ne faire qu'un programme pour la psychologie et la pédagogie théoriques : ces deux sciences ont entre elles d'étroits rapports. Ce cours serait désigné : Psychologie appliquée à l'éducation. Il serait préférable que les élèves fissent plutôt ce cours en seconde année. Si l'on arrive à confondre ces deux programmes, l'heure ainsi gagnée pourrait être utilement attribuée à la géographie. Une heure de leçon par semaine ne permet pas de préparer sérieusement les élèves pour le brevet à la fin de l'année.

Les professeurs demandent dans quelle mesure ils doivent participer aux conférences pédagogiques. Leur concours doit-il être actif ou doivent-ils se borner à assister aux conférences faites par la directrice?

3° Ne serait-il pas utile d'introduire quelques notions d'algèbre dans le programme du brevet supérieur? La solution des problèmes en serait facilitée et les élèves pourraient facilement résoudre les équations du premier degré.

4° Il serait urgent que M. le Ministre envoyât dans chaque école normale des cartes spécialement dressées pour l'enseignement de la géologie.

III.

1° Il serait préférable que la directrice de l'école annexe eût son logement dans l'école normale. Ce serait pour elle un avantage de plus qui rendrait sans doute cette position plus enviable. Si la directrice de l'école annexe réside dans la ville, elle a le désir tout naturel de se faire externer. La surveillance, pendant les repas, reste donc confiée aux élèves-maîtresses. La responsabilité tout entière retombe alors sur la directrice de l'école normale.

2° Lorsque l'école annexe ne dépasse pas 50 élèves et que l'école normale n'a que 30 élèves-maîtresses, il paraît suffisant d'en déléguer 2 seulement chaque semaine à l'école annexe.

3° Quand les élèves de troisième année sont déléguées à l'école annexe, la directrice doit faire la classe en leur présence les deux premiers jours de la semaine et les laisser, pour le reste du temps, s'inspirer de ce qu'elles auront vu et de leur propre initiative. Pour les élèves de seconde année, elles ne devront faire la classe seules que les deux derniers jours de la semaine.

4° Il est à souhaiter que toutes les écoles normales soient pourvues à bref délai d'une école maternelle et qu'un cours complémentaire d'enseignement primaire supérieur y soit annexé. Les élèves-maîtresses devront, à la fin de leur seconde année, prendre le certificat d'aptitude à la direction des écoles maternelles pour bien prouver qu'elles savent s'occuper des petits enfants et les intéresser. Le brevet supérieur, qu'on exige à la fin de la troisième année, donnant droit aux titulaires de solliciter un poste dans une école primaire supérieure, il est nécessaire qu'elles puissent, à à l'école annexe, s'exercer à la pratique de cet enseignement.

IV.

Pour répondre à la quatrième question, il faudrait que les écoles normales fussent considérées par les instituteurs et les institutrices comme un centre commun où ils se réuniraient au moins une fois par mois pour y recevoir quelques conseils et y entendre des conférences de pédagogie pratique, auxquelles MM. les Inspecteurs primaires ne refuseraient certainement pas leur concours.

V.

Vœu. — 1° Le conseil des professeurs exprime le vœu que la directrice soit autorisée, après avoir pris l'avis des professeurs, à ne présenter à la fin de la première année que les élèves qu'elle jugerait aptes à recevoir le brevet.

Les écoles normales de fondation récente n'ont pas encore eu le temps de former des institutrices qui, à leur tour, présentent des aspirantes bien préparées.

Dans le département d'Indre-et-Loire les inscriptions sont nombreuses, mais chez les neuf dixièmes des élèves l'instruction atteint à peine le niveau du certificat d'études.

2° Les professeurs demandent que, du jour où ils seront nommés dans un établissement, ils soient classés pour l'avancement.

3° Le conseil des professeurs demande que les directeurs et directrices aient droit aux cartes de voyage à prix réduit, et qu'il soit délivré aux directeurs, directrices et professeurs une carte permanente de circulation valable pendant un an.

La Directrice de l'École,

LUSIER.

ACADÉMIE D'ALGER.

PROVINCE D'ALGER.

ÉCOLE NORMALE D'INSTITUTRICES DE MILIANA.

I.

Les améliorations introduites dans l'organisation des écoles normales promettent d'excellents résultats; la création des maîtresses surveillantes était une mesure rendue absolument nécessaire par l'étendue des nouveaux programmes et le temps plus considérable qu'exigent la préparation des cours et la correction journalière des devoirs.

Quant à l'institution de l'économat, nous n'avons point encore fait l'expérience des avantages qu'elle peut avoir; mais il nous semble naturel de croire que nos écoles normales marcheront d'autant mieux que la direction sera plus complètement rendue à ses véritables attributions.

II.

Le programme des études de littérature, qui, en troisième année, comprend l'analyse des auteurs, nous paraît trop chargé; il nous semble qu'on pourrait, avec avantage, en commencer l'application dès le second semestre de la seconde année.

Les leçons de psychologie et de morale intéressent à un haut degré nos élèves-maîtresses; seulement nous croyons qu'il ne faut point perdre de vue que, parmi les maîtres auxquels des cours aussi importants viennent d'être confiés, bien peu ont été suffisamment préparés à ce genre d'enseignement; d'où résulte la nécessité absolue d'enrichir les bibliothèques de nos écoles de tous les ouvrages les plus propres à former de bons professeurs.

Nous voudrions voir le programme des sciences réparti de la façon suivante : physiologie et botanique élémentaire en première année ; zoologie, revision de la botanique en seconde année ; enfin, en troisième année, géologie et botanique plus détaillée.

L'histoire, en seconde année, comprend : les temps anciens, le moyen âge et les temps modernes ; il est évident que dans l'esprit du Conseil supérieur qui a préparé ce programme, c'est surtout à l'histoire de nos sociétés modernes que le professeur doit attacher la plus grande importance ; mais, pour que l'enseignement, fait dans de telles conditions, nous laisse quelque sécurité à l'approche des examens, il importe que les commissions chargées de constater l'aptitude des candidats soient elles-mêmes pénétrées de l'esprit qui a inspiré le Conseil supérieur.

En résumé, les nouveaux programmes nous paraissent devoir donner d'excellents résultats ; mais nous ne les obtiendrons complets qu'au bout de trois ans d'application.

III.

La directrice de l'école annexe devra avoir au moins vingt-cinq ans et être pourvue du certificat d'aptitude pédagogique.

Elle occupera dans l'école normale un rang équivalent à celui de sous-directrice.

Son traitement devra être de 500 francs supérieur à celui des maîtresses de la même classe.

Les élèves-maîtresses feront la classe sous sa direction ; elle devra s'assurer à l'avance que leurs leçons ont été bien préparées, et leur indiquer chaque soir ce qui aura été défectueux dans leur enseignement.

Nous lui recommandons l'emploi d'un carnet sur lequel elle inscrira chaque jour les notes méritées par nos jeunes institutrices.

Nous verrions la réunion à l'école annexe d'une école maternelle et d'un cours supérieur comme une heureuse innovation, dont le résultat serait d'assurer aux élèves-maîtresses le bénéfice d'un enseignement pratique complet.

IV.

Le plus grand service que nos écoles normales puissent rendre aux institutrices en activité dans le département, c'est d'abord, à notre avis, de leur préparer de bonnes maîtresses adjointes.

Il ne serait peut-être pas non plus sans utilité d'organiser dans l'école même une retraite annuelle pédagogique et des conférences mensuelles auxquelles serait convié le personnel enseignant.

V.

VŒUX.

1° Que les titres de déléguée et de maîtresse adjointe soient supprimés et remplacés par celui de chargée de cours, impliquant pour tous le classement et le droit à l'avancement.

2° Que le titre officiel de professeur reste attribué exclusivement à celles qui auront subi avec succès les épreuves de l'examen institué par le décret du 5 juin 1880.

3° Que tous les ans les meilleures élèves de chaque école obtiennent de l'Administration, à titre de récompense, la faveur d'un voyage pédagogique ; pour nos jeunes Algériennes cela aura le double avantage de leur faire connaître, et, par conséquent, aimer la France.

4° Qu'une session normale préparatoire à l'examen du certificat d'aptitude au professorat des écoles normales ait lieu à Paris et permette aux maîtresses adjointes éloignées de tout centre intellectuel de se présenter à cet examen avec plus de chances de succès.

La Directrice de l'École.

SAGE.

www.ingramcontent.com/pod-product-compliance
Ingram Content Group UK Ltd.
Pitfield, Milton Keynes, MK11 3LW, UK
UKHW021126220726
13924UKWH00004B/1929